Ruth White

Das Lied in der Weide

RUTH WHITE

Das Lied in der Weide

Aus dem Amerikanischen
von Bettine Braun

VERLAG FREIES GEISTESLEBEN

Die amerikanische Originalausgabe erschien 1992 unter dem Titel «Weeping Willow» bei Farrar, Straus and Giroux, New York.

Den Liedern und Versen liegen folgende Originaltexte zugrunde:

«Supper Time» von Ira F. Stanphill.
Copyright © 1950, Singspiration Music / ASCAP.

«The Rock And Roll Waltz» von Roy Alfred und Shorty Allen.
Copyright © 1955, erneuert 1984 Jonroy Music Company.

«Over the Rainbow» von Harold Arlen und E. Y. Harburg.
Copyright © 1938, 1939 (erneuert 1966, 1967)
Metro-Goldwyn-Mayer Inc. Alle Rechte bei Emi Feist Catalog, Inc.

«So Fine» von Johnny Otis.
Copyright © 1955 (erneuert), Eldorado Music (BMI) /
Verwaltung: Bug.

Die Deutsche Bibliothek – CIP-Einheitsaufnahme

White, Ruth:
Das Lied in der Weide / Ruth White.
Aus dem Amerikan. von Bettine Braun. – 2. Aufl. –
Stuttgart: Verlag Freies Geistesleben, 1995
Einheitssacht.: Weeping willow ‹dt.›

ISBN 3-7725-1441-3

Deutsche Ausgabe:

2. Auflage 1995
Einband: Hilary Mosberg
Druck: Clausen & Bosse, Leck

Für Garnet, Gipsy, Roberta und Vicky
und für die Grundy High-School-Klasse
des Jahrgangs 1960

Als ich ein kleines Kind war und jener anderen Seite, von der wir alle herkommen, noch sehr nahe, war Willa schon da. Ich kann mich nicht daran erinnern, je ohne sie gelebt zu haben. Als ich laufen und sprechen lernte, kam und ging sie, wie sie wollte, und ich dachte nicht im Traum daran zu fragen, wer sie wohl sei. Ich erinnere mich daran, daß ihre Stimme wie eine Glocke klang und daß sie beim Lachen ihr Gesicht mit den Händen bedeckte und zwischen ihren Fingern hindurchspähte. Als ich älter wurde, zeigte sich Willa nur noch, wenn ich sie rief:

Willa, Willa, on my pilla,
Come in your pretty lace
and your pink face.

Dann kam sie immer und spielte mit mir. Sie hatte lockiges rotes Haar, und ihre Augen wechselten die Farbe mit dem Wetter. An sonnigen Tagen waren sie grün, wenn es regnete, waren sie blau, und wenn es schneite, waren sie grau wie der Himmel. Wie wunderbar sie duftete! Und ihr Kleid war mit zarten Spitzen besetzt.

Während ich so gemeinsam mit Willa aufwuchs, wußte ich nur eines nicht von ihr: daß niemand außer mir sie sehen konnte.

«Mit wem sprichst du eigentlich, Tiny?» fragte mich Mama manchmal.

«Mit Willa.»

«Wer ist denn Willa?»

Ich glaubte, sie verstelle sich nur zum Spaß. «Ach, Mama, du weißt doch, wer Willa ist.»

Aber Mama war nun einmal Mama; es interessierte sie nicht besonders, und so fragte sie nicht weiter.

Als ich in die Schule kam, gab es Schwierigkeiten wegen Willa. Zwischen der ersten und der zweiten Klasse lag ein Garderobenraum, in den meine Lehrerin, Mrs. Skeens, uns schickte, wenn wir frech waren. Ich mußte oft allein in dieser Garderobe sitzen, aber es machte mir nichts aus, weil Willa dann kam und mir Gesellschaft leistete. Wir sagten uns Abzählverse auf, flüsterten uns Geheimnisse ins Ohr und sangen leise Lieder.

Einmal erzählte mir Willa eine lustige Geschichte, über die ich laut lachen mußte. Da kam Mrs. Skeens in die Garderobe.

«Was gibt's da zu lachen, Tiny?» fragte sie.

«Willa hat mir einen Witz erzählt.»

«Wer ist denn Willa?»

Wieder diese Frage.

«Aber Sie wissen doch, wer Willa ist», sagte ich, genauso wie ich es zu Mama gesagt hatte.

Mrs. Skeens aber gab nicht auf. Sie stemmte die Hände in die Hüften und sagte: «Nein, ich weiß nicht, wer Willa ist, und ich möchte, daß du mir auf der Stelle sagst, wer das sein soll.»

Da sagte ich es ihr, und das war ein Riesenfehler. Mrs. Skeens war von Willa überhaupt nicht begeistert.

«Tiny Lambert», sagte sie. «Das ist so ziemlich der größte Blödsinn, den ich je gehört habe! Und wenn deine nichtsnutzige Mutter es dir nie gesagt hat, so muß ich es dir klarmachen – es gibt keine Willa! Sie existiert nicht, verstanden? Sie ist reine Einbildung.»

Ich wunderte mich über Mrs. Skeens. Jeder, der Augen im Kopf hatte, mußte Willa mit ihren roten Haaren doch schon von weitem sehen. Sie war ganz bestimmt keine Einbildung.

Dann fiel mir ein, wie Mama mich wegen Willa ausgefragt hatte, und ich dachte daran, wie ich im Pausenhof mit Willa gesprochen hatte und wie komisch mich die anderen Kinder angeschaut hatten. Zum erstenmal begann ich zu zweifeln – und als ich mich wieder Willa zuwenden wollte, war sie verschwunden. Nur ein Hauch von ihrem wunderbaren Duft war noch da.

Tagelang versuchte ich, sie zurückzuholen.

Willa, Willa, on my pilla ...

Aber sie war fort, und ich weinte.

Wahrscheinlich hatte Mrs. Skeens es gut mit mir gemeint, aber ich konnte sie danach nicht mehr leiden.

Trotzdem hatte ich immer das Gefühl, daß Willa irgendwo in meiner Nähe sei – gleich um die Ecke oder verborgen in den Schatten der Dämmerung, und eines Tages, wenn ich sie einmal wirklich brauchte, würde sie wieder zu mir zurückkommen.

1

Ich drehte mich auf die andere Seite und öffnete die Augen, und da durchfuhr mich eine plötzliche Erregung. Es war wie der angenehme Schauder im Kino, wenn die Kavallerie unter Hörnerschall über den Horizont heranstürmt, um die Siedler zu retten. Heute würde etwas Wunderbares passieren. Ich spürte es ganz deutlich.

Es war früh am Morgen meines ersten High-School-Tages im Herbst 1956. Ich stand leise auf, um meine Halbschwester Phyllis nicht zu wecken, und ging auf Zehenspitzen über den Flur ins Badezimmer. Niemand konnte mich gehört haben, aber sobald ich das Wasser aufdrehte, wachte das ganze Haus auf. Kurz darauf klopfte mein Stiefvater Vern an die Badezimmertür und sagte, ich solle machen, daß ich fertig werde. Und dann erschienen Beau und Luther, meine Halbbrüder, die ihm alles nachmachten, und drängelten mich ebenfalls.

Ich rannte ins Schlafzimmer zurück; Phyllis drehte sich gerade in unserem riesigen Doppelbett herum, murmelte etwas und sprang mit beiden Beinen aus den Federn. Sie pilgerte nach unten, wo Mama das Frühstück für uns alle zubereitete. Das tat Mama immer am ersten Schultag, um ihre gute Absicht zu zeigen. Wenn wir dann weg waren, konnte sie sich zum erstenmal seit drei Monaten wieder ungestört schlafen legen.

Ich hatte meine Schulkleidung ordentlich auf einem Stuhl zurechtgelegt: ein dunkelkariertes Kleid mit geradem Rock und schwarzweiße Riemchenschuhe mit Söckchen. Ich zog noch Shorts darunter, denn ich hatte nicht die geringsten Hüften, und die Shorts machten mich etwas runder.

Dann nahm ich die Klemmen aus meinem braunen Haar und bürstete mir Locken ins Gesicht; ich legte etwas Lippenstift und Make-up auf, und dann trat ich einen Schritt vom Spiegel zurück und betrachtete mich darin. Ich sah keine Chance, je schön zu sein. Dafür war ich schon einmal zu klein. Wenn ich eine Menge Wasser getrunken hatte, wog ich gerade fünfundneunzig Pfund, und selbst wenn ich dicke Schuhsohlen trug, war ich nicht viel größer als einsfünfzig. Meine Haut war ziemlich blaß, und meine Augen waren hellblau, wie die von Mama. Ich sah einfach ganz normal aus, nichts Ungewöhnliches.

Ich steckte meinen knallrosa Lippenstift zusammen mit dem Make-up in meinen Geldbeutel aus echtem Plastik. Dann holte ich mein Fünf-Fächer-Schreibheft und zwei Bleistifte Nr. 2, und ich war bereit, in die High-School zu gehen.

Unten hatte Mama Pfannkuchen und Würstchen gebraten. Als wir alle zusammen um den Tisch saßen, als es nach Kaffee duftete und die Teller klapperten, war es fast, als seien wir eine normale Familie, wie die anderen auch. Aber ich wußte, daß das nicht stimmte.

Mein richtiger Vater, der meine Mutter nicht geheiratet hatte, mußte im Dezember 1941 in den Krieg nach Europa und war seitdem verschollen. Fünf Monate nachdem er uns verlassen hatte, war ich auf dem Ruby Mountain geboren worden.

Dann, als ich drei Jahre alt war, begann Vernon Mullins, ein Bergarbeiter bei der Ruby Valley Coal Company, meiner Mama den Hof zu machen. Ihr Vater, mein Großpapa Lambert, kriegte beinahe einen Anfall, weil die Lamberts und die Mullins seit hundert Jahren verfeindet waren, wie er sagte. Nein, er erinnerte sich nicht mehr, warum, aber er wußte, daß es gute Gründe dafür gab, und wenn Mama darauf bestünde, diesen unbedeutenden Mullins zu heiraten, dann sollte sie mich und all ihre Habe – die leicht in eine Papiertüte paßte – packen und sich nie mehr in seinem Haus auf dem Ruby Mountain blicken lassen.

Und das tat sie dann auch. Ich hatte Großpapa Lambert seit damals nicht mehr gesehen.

Mama und Vern heirateten, und wir beide zogen in Verns Haus hier unten im Ruby Valley. Man könnte meinen, das müßte ein

Traum von einem Tal sein, bei so einem schönen Namen; aber Ruby Valley war nur ein «Holler», ein enges Tal, nichts weiter als ein besserer Schacht zwischen zwei Bergen. Ein Flüßchen mit einer Straße auf beiden Seiten lief durch das Tal, und die beiden Straßen führten zum Ausgang und zum Ruby Mountain hinauf. Die Straße endete ganz oben, genau bei Großpapa Lamberts Haus.

Verns Haus war ein schäbiges Ungetüm mit einem Badezimmer, was für mich und Mama eine große Neuerung darstellte. Verns Großvater hatte es Vern hinterlassen; er hatte das Haus gebaut, war aber nie richtig fertig geworden. Die Bodenbretter waren noch nicht abgeschliffen, und man konnte sich einen Splitter einziehen, wenn man nicht aufpaßte. Einmal hatte Vern beschlossen, im Wohnzimmer einen neuen Kamin einzubauen. Er riß all die alten Ziegel aus der Wand und schleppte sie weg. Dann kaufte er ganz neue Ziegel und stapelte sie neben dem Loch in der Wand. Dort lagen sie dann jahrelang.

Das Haus klebte am Hang; eine schäbige Schotterstraße, neben der eine Felswand aufragte, führte zu ihm hinauf und endete an einer hohen Veranda auf Säulen. Vern parkte seinen Lieferwagen unter dieser Veranda.

Als Mama und ich einzogen, arbeitete Vern in der dritten Schicht in den Minen, er mußte also nachts weg und schlief tagsüber. Mama war selbst schon immer eine Nachteule gewesen, und bald schon blieb auch sie die ganze Nacht auf und schlief am Tag, wie Vern. Ich verbrachte immer mehr Zeit allein, und ich mußte ruhig sein, damit Mama und Vern nicht gestört wurden. Um mir die Zeit zu vertreiben, rief ich Willa herbei, und wir spielten zusammen. Sie brachte mir bei, zu zählen und zu singen – ganz leise.

Mama kochte einmal am Tag. Es war das Abendessen. Ich aß mit Mama und Vern zusammen und ging dann schlafen. Ich wußte nicht, was Mama die ganze Nacht machte, während Vern arbeitete. Einmal ging ich nachts hinunter, um ein Glas Wasser zu trinken, und da sah ich, wie sie im Dunkeln dasaß und eine Zigarette rauchte.

Als Vern dann begann, in der Tagschicht zu arbeiten, behielt Mama ihre alte Gewohnheit bei. Sie ging sehr spät zu Bett und stand morgens auf, um Vern das Frühstück herzurichten, wenn er es wollte; danach legte sie sich wieder hin. Nach wie vor kochte sie nur ein richtiges Essen am Abend. Sonst tat sie nicht gerade viel. Man mußte nicht erwachsen sein, um zu merken, daß meine Mama furchtbar unglücklich war.

Dann wurden in regelmäßigen Abständen die Kleinen geboren. Zuerst kam Beau, als ich fünf war, dann Luther ein Jahr später, und wieder ein Jahr darauf Phyllis. Diese Babys machten um keinen Preis das, was Mama wollte. Sie aßen und schliefen nie, wenn es ihr in den Kram paßte. Sie mußte aufbleiben, und ihre Laune war dementsprechend. Nach der Schule, am Wochenende und im Sommer sollte ich mich um die Babys kümmern, aber meistens schaffte ich es nicht, daß sie still waren, und so mußte Mama halb im Schlaf herumtaumeln und sie selbst versorgen.

Es schien, als würde jeder im Haus entweder murren oder plärren, und in solchen Augenblicken vermißte ich Willa am meisten. Aber Mrs. Skeens hatte sie mir weggenommen.

Vern wurde dick und trank zuviel. Ich glaube, er und Mama mochten sich überhaupt nicht mehr. Der einzige Mensch, für den Vern etwas tat, war Phyllis. Er duschte sie abends mit aller Sorgfalt, und sie war schrecklich verwöhnt.

Doch an diesem ersten Schultag, als ich vierzehn war, schienen alle gutgelaunt zu sein und sich bessern zu wollen. Vern schäkerte mit den Buben und sagte, er kenne sie gar nicht wieder mit ihren frischgewaschenen Gesichtern, und schaukelte Phyllis – «Papis kleinen Liebling» – auf den Knien. Beau war neun und kam gerade in die vierte Klasse. Luther war acht und in der dritten, und Phyllis war sieben und in der zweiten Klasse.

Vern wandte sich mir zu und schaute mich von oben bis unten an.

«Na, Tiny, jetzt bist du also ein High-School-Mädchen, und ein hübsches noch dazu. Sieh nur zu, daß du nicht aus deinen Hosen rauswächst.»

Ich versuchte ein Lächeln.

«Ich und Hazel, wir konnten nie in die High-School gehen, weißt du.»

«Warum denn nicht?» fragte ich, obwohl er es mir schon ein dutzendmal erzählt hatte.

«Weil ich schon mit dreizehn arbeiten gehen mußte, und deine Mama wohnte oben auf dem Berg. Es war zu weit zur High-School, und Busse gab's damals nicht. Du bist gut dran.»

Er redete weiter davon, wie schwer sie es in den früheren Zeiten gehabt hatten und wie gut ich's hatte, aber ich hörte nicht zu. Ich dachte ununterbrochen an den Tag, der vor mir lag. Wie es wohl in der High-School sein würde? Ob die Lehrer wirklich gemein waren? Ob ich wohl Freundschaften schließen würde in diesem Schuljahr? Bisher hatte ich es noch nicht geschafft. Alle Kinder aus der Ruby Valley Grade School kannten mich, und sie sagten, ich sei eine Einzelgängerin. Vielleicht würde es dieses Jahr mit der größeren Schule und all den neuen Leuten anders werden.

Dann ging Vern zur Arbeit, und die Kleinen liefen wieder nach oben, um sich fertig anzuziehen und ihre Sachen zusammenzusuchen. Ihr Bus ging später als meiner. Mama und ich saßen allein am Tisch.

«Du siehst wirklich hübsch aus», sagte sie.

Ich war überrascht. Sie lächelte ein trauriges Lächeln. Sie war erst dreißig, aber sie hatte Tränensäcke unter den Augen, und sie war klein und dünn wie ich.

«Danke», murmelte ich und wurde rot.

Ich versuchte, meinen Kaffee auszutrinken, weil ich glaubte, das gehöre sich so für erwachsene Leute. Aber er schmeckte mir überhaupt nicht.

«Und vergiß eines nicht, mein Mädchen», fuhr Mama fort.

Sie mußte immer noch eins draufgeben.

«Du bist genauso gut wie all die anderen – vielleicht besser als die meisten. Laß dir bloß von niemand einreden, daß das nicht stimmt.»

Ich wußte, daß sie etwas Nettes sagen wollte, aber gerade dieser gute Rat ärgerte mich fürchterlich. Bis zu diesem Augenblick war es mir fast gelungen, mir einzureden, daß ich dieses Jahr vielleicht ein paar Freundschaften schließen würde. Wie kam sie bloß darauf, so etwas zu sagen? Vielleicht, weil ich im Grunde doch nicht so gut wie die anderen war? Und vielleicht sah ich auch in Wirklichkeit gar nicht hübsch aus.

«Ich muß weg!» sagte ich und stand abrupt vom Tisch auf.

Und dann war ich aus dem Haus und auf dem Weg den Berg hinunter, bevor sie noch mehr Schaden anrichten konnte.

2

Es war ein wunderschöner Septembermorgen. Der Himmel leuchtete in ruhigem Blau über den Hügeln, auf denen sich die Blätter mancher Bäume schon zu färben begannen. Von irgendwoher drang mir der Geruch von Rauch und gebratenem Schinken in die Nase.

Cecil Hess stand unten an der Straße, als erster wie immer, und wartete auf den Bus.

«Hallo, Cecil», sagte ich atemlos.

«Hallo, Tiny», sagte er und grinste mich an.

Cecil war einer dieser Jungens, die jeder mochte. Man konnte gar nicht anders. Er war freundlich und gutmütig und hatte Sommersprossen und eine Stupsnase. Man mußte immer über ihn lachen und konnte sich auf ihn verlassen. Im letzten Jahr war er so in die Höhe geschossen, daß er jetzt einen Kopf größer war als ich.

«Ich war so aufgeregt, daß ich schon um fünf Uhr aufgestanden bin», sagte er und lachte. «Ich habe die Sonne aufgehen sehen.»

Auch das war typisch Cecil: Er war ein offenes Buch. Man wußte, daß man ihm vertrauen konnte, weil er sagte, was er dachte. Welcher andere Junge hätte schon zugegeben, daß er sich auf den ersten Tag in der High-School freute?

Cecil und ich waren zusammen aufgewachsen, und wir waren aneinander gewöhnt wie Geschwister; aber befreundet waren wir nicht, denn er war ja ein Junge. Nur ein Jahr lang hatten wir nicht im gleichen Klassenzimmer gesessen, das war im Jahr zuvor, als ich in das Anfängerorchester eingetreten war und Cecil nicht. Ich spielte Klarinette. Mr. Stewart, der Dirigent des Kreisorchesters, kam jeden Tag zu uns in die Schule, um uns Musikstunden zu geben, und die Mitglieder des Achtklaß-Orchesters mußten im selben Raum sitzen.

Cecil wohnte auf der anderen Seite der Straße und des Tals mit seinen Eltern und vier kleinen Geschwistern. Ihre Nachbarn waren die Combs. Neben unserem Haus am Abhang lebten die Horns. Hinter uns, weiter oben am Berg, stand Tante Evie Delongs Häuschen, und die Boyds wohnten unten an der Straße auf unserer Seite. Diese sechs nahe beieinanderstehenden Häuser waren unsere Nachbarschaft hier in der Talbiegung. Es gab noch eine Menge anderer Häuser, über das ganze Tal verstreut, aber von uns aus konnte man keines von ihnen sehen.

Der High-School-Bus bog um die Ecke. Mrs. Stacy, die Fahrerin, winkte uns im Vorüberfahren. Sie machte erst oben im Tal die Runde und nahm uns dann auf dem Rückweg mit.

J. C. Combs, Dolly Horn und Joyce Boyd kamen aus ihren Häusern und stellten sich zu uns an die Bushaltestelle. Es waren alles ältere Schüler, und sie sprachen von Vertrauenslehrern und Klassenabzeichen. Cecil und ich fühlten uns unterlegen, und so sagten wir kein Wort.

Kurz darauf kam der Bus wieder die Straße herunter und hielt für uns an. Wir stiegen ein, und ich warf rasch einen Blick auf die Mädchen. Ich stöhnte, weil niemand außer mir ein kariertes Kleid und schwarzweiße Riemchenschuhe trug. Sie hatten Röcke und Blusen an und weiße Turnschuhe. In dem Jahr davor, als ich noch braune Schnürschuhe trug, hatten sie Riemchenschuhe angehabt. Also besorgte ich mir ein Paar Riemchenschuhe, und jetzt trugen sie weiße Turnschuhe! Woher wußten sie solche Sachen? Niemand sagte je: «He, tun wir uns zusammen und kaufen weiße Turnschuhe.» Nein, es war einfach ein Instinkt oder so was, und ich war diejenige, die es nie mitkriegte.

Cecil und ich setzten uns auf einen Platz hinten im Bus und schwiegen, aber wir beobachteten alles genau.

Nachdem wir viele Male angehalten hatten, um noch mehr Schüler einsteigen zu lassen, verließen wir das Ruby Valley und fuhren über eine große stählerne Brücke auf die Hauptstraße, die den Fluß entlang nach Black Gap führte. Die ganze Fahrt dauerte ungefähr zwanzig Minuten.

Die Black-Gap-High-School war ein großer zweistöckiger Ziegelbau mit einem Turm über dem Haupteingang. Dahinter ragten die Berge dunkel vor dem Himmel auf.

Mrs. Stacy sagte uns, wir sollten ins Auditorium gehen, um uns einweisen zu lassen. Ich war froh, daß Cecil da war. Zusammen fanden wir den Weg zum Auditorium, in dem auf Zetteln an den Wänden die Klassenzimmer angeschlagen waren und wer in welches Klassenzimmer gehörte. Man hatte sich ans Alphabet gehalten, so daß Cecil und ich wieder in dasselbe Zimmer kamen.

Wir folgten den weißen Turnschuhen hinunter in die schwarzweiß geflieste Eingangshalle und fanden die richtige Tür zu Mrs. Yates' Klassenzimmer. Wir setzten uns hinein, hielten Augen und Ohren offen und warteten.

Es waren ein paar unserer Klassenkameraden aus dem Ruby Valley da und außerdem eine Menge fremder Gesichter aus den anderen Tälern. Natürlich beherrschten die Jungen und Mädchen aus der Stadt die Szene.

Mrs. Yates gab uns den Stundenplan für das Schuljahr. Ich würde Englisch, Algebra, Geschichte, Naturwissenschaften, Heimatkunde und so weiter und Orchester haben. Ich konnte mich fast den ganzen Tag an Cecils Fersen heften, denn unser Stundenplan war bis zur fünften Stunde gleich, wo er Wirtschaftskunde hatte anstatt Hauswirtschaft. Dann, in der sechsten Stunde, hatte er Turnen und ich Orchester.

An diesem ersten Tag waren wir nur eine halbe Stunde in jeder Klasse und lernten unsere Lehrer und die Unterrichtsfächer kennen. Ich bemühte mich, alles zu notieren, aber in der dritten Stunde wurde mir klar, daß alle Lehrer das gleiche sagten, was ich jetzt schon acht Jahre lang gehört hatte. Vielleicht waren sie genauso wie ich – am ersten Tag voller Begeisterung, die im Lauf der Woche aber nachließ, so daß der Rest des Schuljahres so langweilig war wie jedes andere Schuljahr.

In der fünften Stunde schloß ich mich einem merkwürdigen Mädchen an, als ich hörte, daß sie in den Raum für Hauswirtschaftsunterricht gehen wollte; und danach half mir Judy Snead, ein Mädchen aus dem Ruby Valley, die auch im Orchester war, den Orchesterraum zu finden.

Und dort änderte sich mein Leben mit einem Schlag. Damals wußte ich es noch nicht gleich, aber genau da passierte es – in eben dem Augenblick, als ich das Orchesterzimmer betrat. Es war ein sehr großer Raum im zweiten Stock, durch dessen Fenster man ein Stück des am Hang gelegenen Friedhofs sehen konnte. In dem Zimmer waren Stühle und Notenständer im Halbkreis um ein Podium auf einer Plattform angeordnet. Dort würde Mr. Stewart stehen und dirigieren. Jeder Abschnitt des Zimmers war gekennzeichnet – Holzblasinstrumente, Schlaginstrumente, Blechbläser. Ich setzte mich in die Abteilung für die Holzblasinstrumente. Ich konnte nicht sehen, wie der Dirigent hereinkam und seinen Platz auf der Plattform einnahm, weil überall Schüler herumliefen. Doch als die Leute in meinem Abschnitt saßen und ich den Kopf hob, sah ich nicht den kleinen, dicklichen Mr. Stewart – o nein. Da stand ein wunderbarer, strahlender Mensch vor mir, dessen Anblick eine reine Freude war. Er war groß, braungebrannt, blond und blauäugig, aber vor allem faszinierten mich seine herrlichen Arme. Er hielt den Taktstock in der einen Hand, und beide Arme schwebten leicht in der Luft. Habe ich schon erwähnt, daß er blonde Haare auf seinen Armen hatte? So war es nämlich. Dann senkte er diese Arme und klopfte mit dem Taktstock auf seinen Notenständer.

«Ruhe bitte!» sagte er nur.

Und schon hatte er uns gewonnen.

«Ich bin Mr. Gillespie.»

Er redete nicht so wie die anderen Leute in Black Gap, Virginia. Er bewegte sich nicht wie jemand, der in einem dieser Täler aufgewachsen ist, und ich konnte mir nicht vorstellen, daß er Sohn eines Bergmanns war. Sicher kam er von weither – etwa aus Hollywood, California.

«Ich bin euer neuer Orchesterleiter. Wie ihr vielleicht wißt, hat

Mr. Stewart im letzten Sommer seine Arbeit niedergelegt. Ich habe gerade mein Studium an der Universität von Virginia abgeschlossen und bin sehr froh, hier bei euch sein zu können.»

Dann lächelte er.

Ich machte mir insgeheim einen Schnappschuß von diesem Lächeln, damit ich es immer im Kopf haben würde und später die Augen schließen und ihn wieder genauso dastehen sehen konnte mit seinen goldenen Armen, wie er auf uns herunterlächelte.

Das Mädchen neben mir kicherte und stupste mich an.

«Er ist süß», flüsterte sie, und ich warf ihr einen raschen Blick zu.

Sie war zierlich, blond und grünäugig.

«Ich heiße Bobby Lynn Clevinger», sagte sie.

Aber ich war ganz in den Anblick von Mr. Gillespie versunken. Ich hatte Bobby Lynn Clevinger sofort wieder vergessen.

«Wie heißt du?» beharrte sie und stupste mich wieder an.

«Tiny Lambert», sagte ich irritiert.

«Ich meine, wie du wirklich heißt», gab sie zurück.

«Tiny Lambert!»

«Wir werden alle Football-Spiele mit Musik begleiten», sagte Mr. Gillespie. «Deshalb müssen wir draußen auf dem Spielfeld üben. Wir fangen morgen an, bringt eure Instrumente bitte jeden Tag mit.»

«Tiny ist doch kein richtiger Name! Tiny ist ein Eigenschaftswort – es heißt doch klein», flüsterte Bobby Lynn.

«Und Bobby ist eigentlich ein Jungenname!» konterte ich.

Sie kicherte wieder.

«Es ist die Abkürzung von Roberta. Und von was ist Tiny die Abkürzung? Von Teenie Weenie? Oder von Kleini-Feini?»

Das war das erste, aber nicht das letzte Mal, daß Bobby Lynn mich während der Orchesterprobe zum Lachen brachte.

«Wo wohnst du denn, Tiny-Kleini?» neckte mich Bobby Lynn, nachdem wir den Probenraum verlassen hatten.

«Im Ruby Valley. Und wo wohnst du?»

«In der Stadt.»

Und das war das letzte bemerkenswerte Ereignis dieser höchst bemerkenswerten halben Stunde, in der ich zusammen mit einem Mädchen aus der Stadt kicherte, während ich mich in einen Gott verliebte.

3

Den Berg zum Haus hinaufzugehen, wenn man aus dem Bus ausgestiegen war, war immer die unangenehmste Sache am ganzen Schultag. Doch da ich an diesem Tag nur drei Stunden gehabt hatte, war ich schon um Viertel vor eins zu Hause und rannte geradezu bergauf. Das war ein großer Fehler, denn als ich oben ankam, knallte ich mit den Schienbeinen gegen die Verandatreppen. Solche dummen Sachen passierten mir oft.

Ich rieb mir die Beine und sah mich prüfend um, ob jemand mich beobachtete, und da entdeckte ich gleich nebenan im eingezäunten Vorgarten der Horns den schönsten Collie, den ich je gesehen hatte. Mir wurde ganz schwach, weil ich mir immer schon einen Collie gewünscht hatte und Vern mir nicht erlaubte, überhaupt einen Hund zu haben. Ich ging hinüber und kniete mich neben dem Zaun nieder.

«Hallo, mein Junge», flüsterte ich und steckte meine Finger durch den Zaun.

Er wedelte mit dem Schwanz und kam auf mich zu. Ich kann euch gar nicht sagen, wie verliebt ich in diesen Hund war!

«Es ist eine Hündin», sagte Dolly, als sie in den Garten kam.

«Sie ist wunderschön, Dolly. Wie heißt sie?»

«Tennessee, denn daher kommt sie. Wir rufen sie aber einfach Nessie.»

«Gehört sie dir?»

«Ja.»

Nessie sah mich unverwandt an und machte keine Anstalten, zu Dolly hinüberzulaufen. Dolly ging ins Haus.

«Wenn du mir gehören würdest, Nessie», sagte ich, «würdest du mir auf Schritt und Tritt folgen.»

Nessie schien zu grinsen.

Nach einer Weile verließ ich den Hund widerstrebend und ging in unser Haus. Die Kinder aßen Bohnensalat und Weißbrot. Ich schenkte mir ein Glas Buttermilch ein.

«Na, wie war's in der Schule?» sagte ich in die Runde und ließ mich am Tisch nieder.

«Schrecklich», kam es von Beau.

«Doof», sagte Luther.

«Miss Matney mag mich nicht», sagte Phyllis.

«Jetzt schon?» fragte ich.

«Niemand mag dich», kam es von Beau.

«Doch, Daddy mag mich», sagte Phyllis.

«Doch, Daddy mag mich», ahmte Luther sie nach.

«Ach, halt doch den Mund, Luther», sagte Phyllis.

Luther gab Phyllis eine Kopfnuß, und sie begann zu plärren.

«Heiliger Strohsack», sagte ich angewidert. «Könnt ihr euch nicht mal fünf Minuten lang vertragen?»

Ich stellte mein schmutziges Glas in das Spülbecken zum Frühstücksgeschirr.

«Die ist aber hochnäsig, seit sie in der High-School ist!» sagte Beau.

Ich ignorierte ihn.

«Luther ist ein blöder alter ...» Phyllis suchte nach dem richtigen Ausdruck. «... Schmutzkübel!» brüllte sie schließlich.

«Ein was?» sagten Beau, Luther und ich gleichzeitig.

«Ein blöder alter Schmutzkübel!» schrie Phyllis.

Da mußten wir anderen lachen.

«Ein blöder alter Schmutzkübel, was?» sagte ich. «Also dem geben wir eins drauf, was?»

«Ui ja!» lächelte Phyllis durch ihre Tränen hindurch, und wir stürzten uns alle auf Luther.

Der Boden war mit einem klebrigen, schmutzigen Linoleumläufer bedeckt, aber wir wälzten uns darauf, kitzelten Luther, quietschten und kicherten, als Mamas Stimme plötzlich den Krach durchschnitt. Ich wunderte mich, daß sie auf war und sogar ein Kleid anhatte.

«Was soll dieser Radau?» fragte sie unwirsch.

Natürlich beachteten wir sie gar nicht. Das taten wir nie. Sie ging grollend zum Spülbecken, füllte es mit heißem Seifenwasser und tat so, als würde sie das Geschirr spülen.

Wir hörten zu spielen auf und setzten uns wieder um den Tisch.

«Eigentlich kannst du spülen, Fräulein Schlaukopf», sagte Mama zu mir. «Wenn du eh nichts Besseres zu tun hast, als dich am Boden zu wälzen.»

Ich ging zum Spülbecken, ohne ein Wort zu sagen. Die Teller waren mit Sirup und Fett verklebt. Na ja, sie hatte das Frühstück zubereitet, und, um gerecht zu sein, muß ich sagen, daß sie mir selten die Arbeiten zuschob, die sie selber nicht gerne machte.

Mama drehte die Herdplatte an, um den Morgenkaffee aufzuwärmen, der inzwischen so stark geworden war, daß der Löffel darin aufrecht stehenblieb. Dann setzte sie sich an den Tisch.

«Die Telefongesellschaft kommt um zwei», sagte sie.

«Die Telefongesellschaft?» sagten wir im Chor.

Ach, deshalb war Mama also aufgestanden und hatte sich angezogen.

«Ja, sie sagten, wenn wir alle hier in der Nachbarschaft dazu bringen, sich an einem Gemeinschaftsanschluß zu beteiligen, würden sie uns eine Leitung hier raufiegen.»

«Und sie machen alle mit?» fragte ich.

«Ja, alle außer Tante Evie. Wir treffen uns bei den Hesses.»

«Wirklich?»

«Ja», sagte Mama und schien sehr zufrieden mit sich selbst. «Wirklich.»

«Aber wir wissen doch gar nicht, wen wir anrufen sollen», sagte Beau.

Ich spülte weiter und schaute hinaus, über die Berge zum Himmel. In Gedanken war ich schon bei den nächsten vier Jahren High-School. Bobby Lynn Clevinger hatte wahrscheinlich ein Telefon. Alle Kinder aus der Stadt hatten eines. Vielleicht würde sie mich anrufen, und vielleicht würde mich sogar ein Junge anrufen.

«Mama, kriege ich ein Paar weiße Turnschuhe?»

«Ein Paar was?»

«Weiße Turnschuhe. Alle haben jetzt in der Schule ...»

«Ich möchte bloß wissen, was mit deinen neuen Schuhen nicht in Ordnung sein soll.»

«Ach, ich mag meine Schuhe wirklich, aber wenn ich zwei Paar für die Schule hätte, würden sie sich nicht so schnell abtragen, weißt du?»

«Nein, das weiß ich nicht, und ich werde dir eines sagen: Diesen Unsinn mit den Turnschuhen kannst du dir gleich aus dem Kopf schlagen. Ich will nichts mehr davon hören.»

Der Kaffee begann aufzukochen, und sie goß sich eine Tasse voll ein. Ich wusch das Geschirr fertig.

«Lauf gleich mal zu Tante Evie und frag sie, ob sie etwas vom A & P will», sagte Mama.

«Gehn wir denn zum A & P?»

«Ja, wenn Vern heimkommt.»

Wir fuhren etwa alle zwei oder drei Wochen zum A & P, weil sie viel mehr Sachen hatten als der kleine Laden der Minengesellschaft unten im Tal.

Ich ging durch die Hintertür, die zur Bergseite hinausführte, wandte mich nach rechts und folgte einem ausgetretenen Weg, der sich den Abhang hinauf zu Tante Evies Häuschen über uns schlängelte.

Tante Evie war, soweit ich weiß, niemandes Tante, aber alle nannten sie so. Sie war dreiundsechzig und so arm, wie man nur sein kann, ohne zu verhungern. Sie hatte anscheinend nicht das geringste Einkommen. Sie konnte nicht mal Wäsche für andere waschen, weil sie keine Waschmaschine und keinen Wasseranschluß hatte. Ab und zu nähte sie für Leute oder weckte Obst für sie ein, aber das war's auch schon. Deshalb machten sich die Leute aus der Nachbarschaft zu ihr auf den Weg und brachten ihr immer Sachen, zum Beispiel Kohle im Winter. Jedesmal wenn einer von uns zum Einkaufen ging, nahmen wir auch für sie etwas mit, Schrotmehl oder Bohnen oder Speck. Und immer wenn man es ihr brachte, sagte sie: «Ich hab' jetzt gerade kein Kleingeld. Ich bezahl's dir später.»

«Ist gut», sagten wir.

Sie schuldete uns bestimmt schon tausend Dollar, aber niemand rechnete mehr nach, denn alle mochten Tante Evie. Wie Cecil war sie ein Mensch, den man einfach mögen mußte.

Als Tante Evie ein junges Mädchen von siebzehn gewesen war und im weißen Kleid vor dem Altar stand, wurde sie sitzengelassen. Das hatte sie nie verwunden; ja sie redete jetzt noch, sechsundvierzig Jahre später, fast jeden Tag davon. Sie machte immer Pläne für den Zeitpunkt, «wenn Ward zurückkommt ...». Sie war überzeugt, daß irgend etwas ihn davon abgehalten hatte, an jenem Tag in die Kirche zu kommen, und wartete immer noch darauf, daß er zurückkehrte. Obwohl Ward völlig aus der Gegend verschwunden war und sich nie wieder mit Tante Evie in Verbindung gesetzt hatte, gab sie niemals die Hoffnung auf. Wenn sie an Winterabenden Kerzen hatte, stellte sie sie in die Fenster und zündete sie für Ward an. Im Sommer saß sie draußen auf ihrer winzigen Veranda und spähte nach jedem Auto aus, das das Tal heraufgefahren kam. Sie konnte einem wirklich leid tun.

Aber alle, die ich kannte, ob Erwachsene oder Kinder, besuchten Tante Evie. Sie hörte einem zu, und sie erinnerte sich an alles, was man ihr je gesagt hatte. Sie verurteilte oder beschämte einen nie, und man verließ sie immer mit dem Gefühl, als hätte sich irgend etwas gelöst.

Ich klopfte an ihre Tür und ging, ohne abzuwarten, hinein, denn ich wußte, daß sie zu Hause war. Wo sollte sie sonst auch sein? Und außerdem sperrte niemand im Ruby Valley je eine Tür zu. Es war so lästig, irgendeine Tätigkeit unterbrechen zu müssen, um aufzusperren, wenn jemand kam.

Tante Evies Häuschen war sehr klein und düster. Vor hundert Jahren war es eine Bergarbeiterhütte gewesen, und sein Aussehen hatte sich seither nicht verändert. Es bestand aus zwei Zimmern – einer Wohnküche und einer Schlafkammer, die hinten am Berghang klebte. Eine Seitentür führte zu einer großen Lichtung im Wald, die ihr Hinterhof war.

«Hallo Mädchen», begrüßte sie mich.

Sie saß am Küchentisch und aß Pellkartoffeln.

«Hol dir 'n Stuhl und iß 'n paar Kartoffeln mit mir.»

Ich setzte mich zu ihr.

«Nein danke, Tante Evie. Mama läßt fragen, ob du irgendwas vom Laden brauchst.»

«'s wär schön, wenn du mir 'n bißchen braunen Zucker mitbringen könntst.»

«Und sonst noch was?»

«Heut' nicht, Herzchen. Wie war's in der Schule?»

«Ganz gut. Ich hab' eine Freundin gefunden.»

«Schon am ersten Tag? Prima, Tiny.»

Da erzählte ich ihr von Bobby Lynn Clevinger.

«Die Clevingers sind brave Leute», sagte sie. «Ist sie die Tochter von Jacob oder von Horace?»

«Ich hab' sie nicht gefragt, wie ihr Vater heißt.»

«Wenn sie die Kleine von Horace ist, hat sie den besten Daddy, den 's je gab. Der Vater von Horace, Clint, war ein guter Freund von Ward.»

Ich beugte mich in dem dämmrigen Raum zu ihr hinüber und flüsterte: «Soll ich dir was erzählen, Tante Evie?»

Sie wischte sich ein Kartoffelstückchen aus dem Mundwinkel und lächelte mir zu.

«'n Junge, was?»

«Nein, es ist ein Lehrer», sagte ich und kicherte. «Unser neuer Orchesterleiter, Mr. Gillespie. Es war Liebe auf den ersten Blick.»

«Erzähl schon!» sagte sie atemlos, als wäre es für sie so wichtig und aufregend wie für mich, und ich glaube, das war es auch. Sie hörte aufmerksam zu und bat mich, das mit den blonden Haaren auf seinen Armen nochmal zu beschreiben. Das gefiel ihr. Und dann kicherte sie mit mir zusammen.

«Tiny hat's erwischt! Tiny hat's erwischt!» wiederholte sie in einem Singsang wie ein Schulmädchen.

«O Tante Evie, keiner wird sich je in jemand wie mich verlieben.»

«Was meinst du mit jemand wie dich? Du bist schon lang so gut wie die.»

«Ach, weißt du, ich bin weder hübsch noch beliebt. Ich weiß nicht, was man anziehen muß. Alle anderen scheinen es zu wissen. Und ich weiß nicht, was ich mit den Jungen reden soll. Ich bin eine alte Tagträumerin, ich ecke überall an und ...»

«Ach du meine Güte», unterbrach mich Tante Evie. «Da bin ich aber froh, daß du mir gesagt hast, wie schrecklich du bist. Wenn du mir's nicht gesagt hättest, Tiny Lambert, hätt' ich glatt gemeint, du wärst ganz in Ordnung. Aber das weißt du doch eigentlich.»

«Du verstehst schon, was ich meine, Tante Evie.»

«Ich versteh' nur eins: nämlich, daß du dein Licht untern Scheffel stellst. Red dir nur weiter ein, wie blöd du bist, dann wird's mit der Zeit schon so werden.»

«Was meinst du damit?»

«Hast du Zeit, daß ich dir 'ne kleine Geschichte erzähl'?»

«Klar.»

Tante Evies Geschichten mochte ich immer gern.

«Also, ich hab' die Familie gekannt, als ich 'n Mädel von zwanzig war. Die waren nicht blöd, glaub' ich, und brave Leute warn's auch, aber häßlich! Auweia! 's warn so ziemlich die häßlichsten Leute, die ich je gesehen hab'. Sie hatten alle Schweinsäuglein, die ganz dicht beisammenstanden, Knollennasen und ein spitzes Kinn. Man mußte weggucken, wenn die zusammen ausgingen. Die Leute wurden echt verlegen. Na, und die arme Lila war so alt wie ich und so ziemlich die häßlichste vom ganzen Verein, aber sie war die reinste Mimose. 's machte sie richtig fertig, daß sie auch nicht 'n bißchen gut aussah. Sie hat sich fast die Augen ausgeweint, bis Clyde Justus daherkam, zwanzig Jahre älter als sie und selbst keine Schönheit, aber 'n braver Mann. Er hat sie geheiratet. Ein Jahr später kriegte Lila 'n Kind und vertraute mir was an, weil ich ihre einzige Freundin war.

‹Evie›, sagte sie zu mir, ‹mein Baby wird das hübscheste Kind sein, das ihr alle je gesehen habt.›

Ich sagte: ‹Natürlich wird's das sein, Lila.›

Also, ich konnt' mir wirklich nicht vorstellen, daß Lila und

Clyde 'n hübsches Kind haben würden. Aber ich hab' mich getäuscht, Tiny, und das war 'ne Lektion für mich.»

«Sie haben also wirklich ein hübsches Kind gekriegt?»

«Ja, das entzückendste kleine Mädchen, das später zur schönsten Frau wurde, die ich je gesehn hab'. 's war 'n Vergnügen, sie bloß anzuschaun.»

«Verstehst du, wie das kam, Tante Evie?»

«Aber Schätzchen, das ist doch ganz einfach. Vom Tag seiner Empfängnis an hörte das Kind nur gute Sachen über sich selbst. Seine Mutter redete die ganze Zeit mit ihm, bevor es geboren wurde, und auch danach.

‹Du bist schön. Du bist besonders›, sagte Lila immer zu ihrem Kind. ‹Du bist mein Sonnenscheinchen. Du hast silberne Löckchen, große, glänzende Augen, rosige Bäckchen› und lauter solches Zeug. Weißt du, sie hat sich das Kind so richtig zurechtgemodelt.»

Ich saß schweigend da und dachte über ihre Geschichte nach.

«Weißt du», fuhr sie fort, «wir glauben allmählich, was wir uns immer wieder vorsagen, und wenn wir von was überzeugt sind, wird's irgendwann Wirklichkeit.»

Konnte das wahr sein?

«Also darüber muß ich nachdenken, Tante Evie», sagte ich.

«Bist 'n kluges Mädel, Tiny», sagte Tante Evie und grinste. Sie hatte lauter Zahnlücken, und sie tat mir leid.

«Ich werd' dir den braunen Zucker mitbringen», sagte ich und streichelte ihr über den Arm.

Sie drückte meine Hand fest.

Ich ging den Berg runter und sagte mir vor: «Tiny Lambert, du bist wunderbar und schön. Du bist klug und beliebt und ...»

4

Als Vern kurz nach fünf nach Hause kam, war ihm deutlich anzumerken, daß er getrunken hatte. Nach zwei oder drei Gläsern war er immer guter Laune, nach vier oder fünf laut und unleidlich. Dann machte er es sich irgendwo bequem und schlief sofort ein. Er war nicht bösartig wie manche Männer. Ich kannte Kinder, die regelmäßig fürchterlich geschlagen wurden. Aber Vern schlug uns nicht, er gab uns nur gelegentlich einen Klaps auf den Hintern. Manchmal führte er sich zwar so auf, daß man dachte, er würde gleich jemand umbringen, aber nachdem er eine Weile herumgetobt und geschrien hatte, legte sich das wieder. Oder er stieg in seinen Lieferwagen, raste davon und war wieder ruhig, wenn er zurückkam.

Vern war fünfzehn Jahre älter als Mama und ziemlich klein und untersetzt. Er sah dem Filmschauspieler Lou Costello ziemlich ähnlich, obwohl er Drillichhosen und karierte Hemden trug. Er bekam eine Glatze am Hinterkopf, und die wenigen Haare, die er noch hatte, wurden schon grau. Seine Augen waren die ganze Zeit von zuviel Whisky blutunterlaufen, und seine Nase hatte rote Äderchen. Verns Hände waren rauh und schmutzig von der Arbeit im Bergwerk. Auch wenn er sie gründlich mit Lavaseife gewaschen hatte, waren die Runzeln um seine Fingernägel und Knöchel immer noch schwarz von Kohlenstaub.

An diesem Tag hatte er eine selten gute Laune. Er erzählte Witze und kniff Mama in den Popo. Sie war böse auf ihn, aber sie ließ sich's nicht anmerken. Sie gab ihm zum Spaß Klapse und biß sich auf die Lippen. Wir gingen hinaus zum Lieferwagen, um nach Black Gap zum Einkaufen zu fahren. Ich wollte gerade mit den Kleinen zusammen wie immer hinter den Fahrersitz klettern, als Vern sagte: «Nein nein, Tiny, du gehst jetzt in die High-School. Du sitzt hier vorne mit mir und deiner Mama.»

Ich war so froh, daß mich eine Feder hätte umhauen können. Mama lächelte.

«Komm mein Schatz», sagte sie. «Du kannst dich in die Mitte setzen.»

Ich kletterte grinsend zwischen die beiden. Sollte das heißen, daß ich von jetzt an wie eine Erwachsene behandelt werden würde? Vern fuhr rückwärts den Berg hinunter.

«Kannst du dir vorstellen, um was mich dieses Kind heute gebeten hat, Vern?» sagte Mama.

«Um was denn potztausend?» sagte er.

«Ein Paar neue Schuhe!»

«Ach Mama!» protestierte ich. «Nicht irgendwelche Schuhe. Alle in der Schule hatten heute weiße Turnschuhe an, Vern. Alle außer mir. Ich möcht' bloß auch so sein wie die andern.»

Vern sagte kein Wort.

Mama sagte irgendwas wie: Wenn alle von einem Felsen runterspringen würden ..., aber ich hörte gar nicht zu. In zehn Sekunden hatte sie mir den Spaß an der Fahrt verdorben.

«Ich geh' zum Eisenwarenladen», verkündete Vern, als wir hinter dem A & P geparkt hatten. «Ich bin in ein paar Minuten zurück.»

Mama, die Kleinen und ich gingen in den Laden. Jedesmal, wenn wir zu A & P gingen, fing Phyllis an, um irgendwas zu betteln. Es war jedesmal dasselbe, und man konnte sie im ganzen Laden hören.

Und Mama sagte jedesmal wieder: «Pst, Phyllis. Sei brav. Schau mal die schönen Sachen da. Sei jetzt still, Phyllis. Sei brav.»

Aber Phyllis trieb es immer ärger, und es machte mich halb wahnsinnig. Dann fing Luther auch noch an.

«Krieg' ich 'ne Flasche Limo, Mama? Krieg' ich eine? Bitte? Krieg' ich eine, Mama? Krieg' ich 'ne Flasche Limo?»

Und dann fing Beau an, um Lutscher zu betteln. Und alle drei waren schmutzig und barfuß wie immer.

Ich blieb immer ein paar Schritte zurück, als würde ich diese Leute nicht kennen, und Mama regte sich dann auf und sagte: «Hör auf herumzutrödeln, Tiny!» Von wegen Herumtrödeln!

Aber an diesem Tag «trödelte» Beau mit mir zusammen herum und sagte kein Wort. Ich glaube, er wurde allmählich erwachsen, weil man genau sah, daß ihm das auch alles peinlich war.

Als Phyllis mit ihrem schrillen Gequengel anfing, wußte ich, daß nichts sie mehr zum Schweigen bringen konnte, deshalb strebte ich dem Ausgang zu und hoffte, daß ich niemanden treffen würde, den ich kannte. Ich stieg in den Lieferwagen und begann, mir schöne Sachen über Mr. Gillespie auszudenken.

Wir sind zusammen bei einem Baseballspiel, und er fährt mich heim. Meine Haare sind lang und blond und glänzend. Ich trage ein rosa Abendkleid aus zehn Metern Chiffon, denn ich bin die Absolventen-Königin. Mr. Gillespie bemerkt, daß ich fröstele.

«Hier, nimm meinen Mantel», sagt er zu mir ...

Vern stieg in den Lieferwagen und schob eine Schuhschachtel zu mir hin. Der Deckel war wie nichts von der Schachtel gerissen! Vern war doch tatsächlich losgegangen und hatte mir ein Paar weiße Turnschuhe gekauft.

Ich quietschte fast genauso wie Phyllis, und Vern grinste. Ich bin niemand, der gern Küsse verteilt, und war es auch nie. Es war schon Jahre her, seit ich jemandem einen Kuß gegeben hatte; und das waren Mama und die Kleinen als Babys gewesen. Aber in diesem Augenblick legte ich Vern die Arme um den Hals, bevor ich überhaupt merkte, was ich da tat. Alles ging so schnell, und ich weiß gar nicht, wie es passierte, aber was ein Kuß auf die Backe sein sollte, wurde zu etwas anderem. Er drückte mich so fest, daß ich nicht mehr atmen konnte, dann stieß er seine Zunge in meinen Mund. Ich mußte beinahe brechen, weil seine blöde Zunge klebrig und eklig schmeckte von Tabak und Whisky.

Ich wehrte mich, und er ließ mich los.

«Bäh!» sagte ich und wischte mir fest mit dem Handrücken über den Mund. Ich hätte am liebsten ausgespuckt, aber ich wollte ihn nicht zu sehr beleidigen. «Vern, warum hast du das gemacht?»

Vern lachte ein seltsames Lachen und schaute verlegen in die Gegend.

«Na, probier sie doch mal!» sagte er schließlich polternd. «Ich bring' sie auf der Stelle zurück, wenn sie nicht passen.»

Ich zog die Schuhe an. Sie paßten genau und waren wunderschön! Ich stellte mir vor, wie ich sie am nächsten Tag bei der Orchesterprobe tragen würde. Mr. Gillespie würde mich sehen.

«Ich muß jetzt gehen und die Lebensmittelrechnung bezahlen», sagte Vern und stieg aus dem Wagen.

Ich legte die Riemchenschuhe in die Schachtel und ließ die weißen Turnschuhe an. Dann spuckte ich ein paarmal aus der Autotür und wischte mir den Mund mit dem Rocksaum aus. Trotzdem hatte ich immer noch den Geschmack von Verns Spucke im Mund.

Oh ... was war nur in ihn gefahren?

5

«Tiny Lambert!» rief Bobby Lynn mir am nächsten Morgen quer durch die Eingangshalle zu, und ich freute mich insgeheim, daß alle es hörten. Ich wartete, bis sie sich durch die Menge zu mir durchgearbeitet hatte.

«Hallo, Mädchen», sagte sie. «Komm, wir gehen zu Rosemary und warten draußen, bis der Unterricht anfängt.»

«Zu wem?»

«Rosemary Layne. Du kennst sie. Sie spielt auch Klarinette, und sie saß gestern im Orchester neben dir.»

«Aha», sagte ich, aber ich erinnerte mich an niemanden im Orchester außer an Bobby Lynn und Mr. Gillespie.

Bobby Lynn trug ein Sommerkleid und Sandalen, weil es noch sommerlich warm war, und ich merkte an diesem Tag, daß sie keinen Pfifferling drauf gab, wer was wann trug, obwohl ihre Mutter im Black Gap Style Shoppe arbeitete.

«Hey Bobby Lynn», riefen ihr alle zu, als wir zusammen durch die Eingangshalle gingen. An der Zahl der «Heys», die jemandem zugerufen wurden, konnte man ablesen, wie beliebt er war, denn das morgendliche Hey drückte Anerkennung aus. Anscheinend kannten und mochten alle Bobby Lynn, und sie ging mit mir! Draußen im vorderen Schulhof lernte ich Rosemary Layne kennen. Sie war groß und dunkel im Gegensatz zu mir und Bobby Lynn. Sie hatte sehr große, graue Augen und die längsten, dichtesten Wimpern, die ich je gesehen habe. Sie war schlank und sah elegant aus in ihrem einfachen, schmalen blauen Kleid. Und auch sie war herzlich und freundlich.

«Hey Tiny», sagte sie mit einem lieben Lächeln. «Setz dich hierher zu mir.»

Ich war überrascht, daß sie meinen Namen kannte. Im Grunde war ich an diesem Morgen über beinahe alles überrascht. Jemand hatte mich doch tatsächlich in der Eingangshalle begrüßt, und jetzt lud mich jemand ein, mich neben sie zu setzen. Es sah aus, als ob Tiny Lambert, die in ihrem ganzen Leben noch nie eine richtige Freundin gehabt hatte, jetzt auf einmal richtig beliebt war! Trug ich etwa ein Schild auf meinem Rücken, auf dem BITTE LIEBT MICH stand oder so was Ähnliches?

Na ja, dachte ich, als ich zwischen Bobby Lynn und Rosemary auf dem Geländer saß, wenn die mich erst mal kennen, werden sie mich nicht mehr mögen. Niemand mag mich. Aber da kam mir Tante Evies Geschichte über Lilas wunderschönes Baby in den Sinn. Vielleicht sollte ich mir eine Chance geben. «Ich bin ein sehr netter Mensch», sagte ich mir entschieden.

Dann folgte das Black-Gap-High-School-Morgenritual. Es ging so vor sich: Zuerst saß man eine Weile auf dem Geländer und sah zu, wie die anderen vorbeischlenderten. Dann schlenderte man an den anderen vorbei, während sie oben saßen und einem zusahen. Manchmal blieb man kurz stehen, um zu plaudern. Die Jungen blieben hie und da in Grüppchen auf dem Geländer sitzen, aber sie konnten auch herumschlendern, wenn sie wollten.

Das Herumschlendern und Auf-dem-Geländer-Sitzen ging eine ganze Weile weiter, aber dann läutete schon viel zu bald die Schulglocke, und es war Zeit, in die Klassenzimmer zu gehen. Bobby Lynn und Rosemary waren auch noch in zwei anderen Fächern in derselben Klasse wie ich – in Englisch und Geschichte. Ich hatte sie am ersten Tag gar nicht bemerkt. In der sechsten Stunde flog ich die Treppe hinauf, die Klarinette in der Hand, die mir immer gegen die Knie stieß. Ich öffnete die Tür zum Probenraum, und da war er!

Mr. Gillespie sah mich an und sagte: «Hallo.»

Ich schluckte.

Das Musikstück, das er verteilte, war *Der Donnerschlag*, und er kam ganz nah an mir vorbei, so nah, daß ich mit ausgestreckter Hand einen seiner Arme hätte berühren können, wenn ich mich unbedingt zum Gespött hätte machen wollen.

Zum erstenmal mit dem High-School-Orchester zu spielen war

so aufregend, daß sogar meine Fußsohlen kribbelten. Alles vibrierte so intensiv, wie ich es nie beim Spielen im Anfängerorchester erlebt hatte. Bobby Lynn und Rosemary spürten es auch, und wir spielten mit voller Inbrunst. Mr. Gillespie grinste zufrieden und sah dabei aus wie ein Seehund.

«Also das muß ich euch sagen», meinte er, als wir den *Donnerschlag* beendet hatten. «Das war wunderbar. Ich hätte nie erwartet, daß ihr so gut seid.»

Selbst die Abgeklärten aus den oberen Klassen strahlten vor Stolz und Freude.

«Er hat gar nicht gewußt, daß Hinterwäldler so spielen können», brüllte Jimmy Ted O'Quinn, der immer den Clown spielen mußte.

Wir lachten alle. Es war ein ganz besonderer Augenblick.

«Na, dann muß ich ja wohl im Hinterwäldler-Himmel sein!» gab Mr. Gillespie zurück. «Nochmal von vorne!»

Und er hob wieder die besagten Arme.

Bobby Lynn, Rosemary und ich spielten die dritte und vierte Klarinette, während die aus den oberen Klassen die erste und zweite spielten. Ich beschloß, die beste Klarinettenspielerin zu werden, die Mr. Gillespie je gehört hatte. Ich nahm mir vor, jeden Tag eine Stunde zu üben und am Wochenende sogar zwei. Mein Ziel war es, innerhalb von einem Jahr in die erste Garnitur aufzusteigen.

Nach der Schule bekam ich meine Orchester-Uniform und nahm sie im Bus mit nach Hause. Sie war königsblau mit einem goldenen Streifen an der Rocknaht und goldenen Litzen auf den Schultern. Jeder im Bus mußte sie bewundern und anfassen, und die Kleinen zu Hause ließen ihre schmuddeligen Finger nicht davon. Da versteckte ich meine Uniform ganz hinten im Schrank.

Ich ging hinaus, um Nessie zu besuchen, und sie wartete schon auf mich, wedelte mit ihrem langen, buschigen Schwanz und drückte ihr schönes Gesicht gegen den Drahtzaun. Ich hockte mich nieder und erzählte ihr alles über meinen Schultag. Sie war eine gute Zuhörerin.

Es war schon nach sechs, als Vern laut und in abscheulichem Zustand nach Hause kam. Er schrie die Treppe hinauf nach Mama, sie sollte herunterkommen, weil er ihr etwas zu sagen hätte. Beau, Luther, Phyllis und ich versammelten uns um den Küchentisch, schweigend und erwartungsvoll. Mama erschien in ihrem schäbigen Morgenmantel, ihre braunen Haare standen vom Kopf ab, und ihre Augen waren verquollen vom Schlaf. Sie sah schrecklich aus.

«Es ist wegen Ma», sagte Vern. «Ihr geht's ziemlich schlecht, und sie will die Kleinen sehen.»

«Oh», sagte Mama.

«Zieht euch an!» brüllte Vern. «Wir müssen los.»

«Kann sie nicht bis morgen warten?»

Das war eine dumme Frage, und jeder wußte es. Wenn Verns Mutter etwas wollte, dann wollte sie es sofort. Sie drohte immer, daß sie demnächst sterben würde, und im Sommer war sie auch beinahe gestorben. Wir konnten es uns nicht leisten, ihre Drohungen auf die leichte Schulter zu nehmen.

«Los, zieht euch an und haltet den Mund!» sagte Vern.

Mama war wütend. Ich wußte, daß sie sich lieber vierteilen lassen würde, als zu Ma Mullins zu gehen, aber sie sagte nichts. Sie ging in ihr Schlafzimmer hinauf.

Vern wandte sich an mich.

«Tiny, du bleibst hier und machst das Abendessen.»

Ich hatte gewußt, daß das kommen würde. Ma Mullins wollte nie, daß ich zu ihr kam. Ich hatte vier Anklagepunkte gegen mich: 1. ich war unehelich; 2. ich war ein Mädchen; 3. ich war eine Lambert; und 4. ich hatte nichts von ihrem Blut. Ich war ein nutzloses Wesen. Aber mir war es egal. Ich hatte Ma Mullins noch nie gemocht, und Beau und Luther taten mir leid, weil sie sich ihr Geschwätz anhören mußten. Auch sie mochten sie nicht. Mit Phyllis konnte sie nicht viel anfangen, weil sie kein Junge war.

Mama kam in einem beinahe sauberen Kleid herunter und hatte sich ihre Haare plattgebürstet.

«Brat ein paar Kartoffeln, Tiny, und mach den Schinken warm», sagte sie zu mir. «Es ist Maisbrot im Kühlschrank.»

Mama tat die Sachen immer in den Kühlschrank, damit kein Ungeziefer dran kam.

«Wir sind gleich zurück», sagte sie.

Die Kinder gaben sich keine Mühe, den Anschein zu erwecken, als hätten sie ihre Gesichter gewaschen oder ihre Haare gekämmt, und niemand schien darauf zu achten. Noch dazu waren sie barfuß, und draußen war es ziemlich kalt, aber auch das bemerkte niemand. Sie quetschten sich in den Lieferwagen, um nach Loggy Bottom zu fahren, das etwa sechzehn Meilen flußaufwärts lag. Ich stand an der Tür und bemühte mich, ein ernstes Gesicht zu machen, bis sie außer Sichtweite waren. Ich war froh, sie los zu sein.

Ich holte meine Klarinette in die Küche und begann zu üben. Es quietschte ziemlich, weil mein Rohrblatt abgenutzt war, und so war ich die Überei bald leid. Schon nach zwanzig Minuten fand ich allerlei Ausreden, um nicht mehr weiterzuüben, und hörte auf.

Ich ging hinaus auf die Veranda und setzte mich auf die Hollywoodschaukel. Das Licht schwand schnell im Tal, aber ich konnte die Straße noch sehen, die sich zwischen den Bergen hinaufwand zum Ruby Mountain.

Unsere Nachbarn aßen zu Abend. Ich roch Kohl und Schweinefleisch, und irgend jemand briet Zwiebeln. Ich hörte Cecil lachen, und seine kleinen Schwestern quiekten. Ich hörte das Klappern von Löffeln.

Plötzlich mußte ich denken, wie sehr sich mein Leben in diesen beiden Tagen verändert hatte. Ich war in Mr. Gillespie verliebt, und ich war ein Mitglied des High-School-Orchesters mit Uniform und allem was dazugehörte. Ich hatte zwei Freundinnen und zwei Paar Schuhe für die Schule, und wir würden bald ein Telefon haben.

Und auch das ist schön, dachte ich, einfach hier im Dämmerlicht allein zu sitzen, zu lauschen und gute Dinge zu riechen.

Ich begann zu singen:

Komm heim, 's ist Zeit fürs Abendbrot,
Nach Hause wolln wir gehn.
Siehst du das letzte Abendrot?
Bald wird der Mond dort stehn.

Ich sang sicher noch zehn Lieder und hatte riesigen Spaß dabei. Nach einer Weile ging ich hinein, um das Abendessen herzurichten, und sang immer noch. Ich schälte und briet die Kartoffeln und stellte den Schinken und das Brot in den Ofen, aber ich wollte ihn nicht einschalten, bevor die anderen nach Hause kommen würden. Ich beschloß, eine Dose mit Pfirsichen als Nachspeise zu öffnen. Dann blieb mir nichts anderes zu tun, als zu warten. Ich setzte mich an den Küchentisch, schlug mein Geschichtsbuch vor mir auf und fing an zu lernen. Aber Mr. Gillespie spukte dauernd durch meine Gedanken.

Wir fahren in Mr. Gillespies Auto – einem roten Chevrolet Cabrio – den Berg herauf. Ich bin ganz in seinen Mantel gehüllt, der nach Old Spice riecht. Plötzlich bums! Reifenpanne. Ich werde gegen ihn geschleudert. Wir können nicht weiterfahren.

«Oh, mein Liebes», sagte er zu mir. «Verzeih mir, daß ich dich in diese mißliche Lage gebracht habe.» Ich wende mich ihm langsam zu, und das Mondlicht ...

Mein Kopf sank auf mein Geschichtsbuch, während ich wegdämmerte.

6

Ich wachte ruckartig auf; mein Gesicht schien taub zu sein. Ich spürte, daß es sehr spät war. Vern stand mit aschfahlem Gesicht schweigend in der Küchentür.

«Was ist los?» murmelte ich verwirrt.

«Sie ist gestorben», sagte er.

«Wer? Was? Ma Mullins ist tot?»

«Sie ist genau vier Minuten nach halb zehn gestorben», sagte er.

Ich hatte gar nicht gewußt, daß ich Mitleid für Vern empfinden konnte. Das war ein völlig neues Gefühl. Er sah aus wie ein großes Kind, wie er so dastand, und ich glaube, er hätte am liebsten geweint, aber er hatte vergessen, wie es ging. Ich stand auf und lief zu ihm hinüber.

«Es tut mir furchtbar leid, Vern», sagte ich mit wackeliger Stimme.

«Ja nun ...»

Er stand einfach da und sah hilflos aus.

«Wo ist Mama?» fragte ich.

«Pa bat sie zu bleiben und sich um die nötigen Angelegenheiten zu kümmern. Und die Kleinen sind schlafen gegangen.»

«Hast du Hunger?»

«Nein, stell alles weg, Tiny. Ich werd' was trinken.»

Vern ging zum Schrank und holte sich eine Flasche Whisky heraus. Er goß ein Marmeladenglas halb voll und füllte es mit Wasser auf. Dann leerte er das Glas, ging auf die Veranda hinaus und setzte sich auf die Hollywoodschaukel.

Ich stellte die Kartoffeln, den Schinken und die Pfirsiche in den Kühlschrank und ging nach oben. Ich zog meinen Pyjama an und schloß dann die Fenster, weil die Nachtluft kalt war. Ich war müde und schlief sofort ein, ohne noch einmal an Mr. Gillespie oder Ma Mullins zu denken.

Ich weiß nicht, wie lang ich geschlafen hatte, als ich mit einem Schlag erwachte. Irgend etwas hatte an mir gerüttelt, aber ich wußte nicht was es war. Dann nahm ich einen Geruch wahr – Whisky. Ich wandte meinen Kopf langsam zur Seite, und da saß Vern auf der Kante meines Bettes.

«Hab keine Angst», flüsterte er mit rauher Stimme.

«Was willst du?» fragte ich.

«Ich möchte dich bloß anfassen.»

Ich verzog mich hastig ans andere Ende des Bettes.

«Geh jetzt lieber, Vern», sagte ich und versuchte, meiner Stimme Festigkeit zu geben.

Er streckte eine Hand nach mir aus, und ich rutschte auf der anderen Seite auf den Boden. Wir starrten uns im Dunkel an. Er keuchte.

«Komm doch, Tiny», sagte Vern schließlich und begann im Rausch quer übers Bett auf mich zuzukriechen. «Ich werd' dir nicht weh tun.»

Ich flüchtete um das Bett herum und aus dem Zimmer. Vern konnte nicht mehr schnell reagieren. Ich war schon unten an der Treppe, als ich ihn meinen Namen rufen hörte.

Ich tastete mich im Dunkeln durch das Wohnzimmer und verkroch mich hinter der Couch. Erst da merkte ich, daß ich am ganzen Leib zitterte. Ich machte mich ganz klein und preßte meine Knie gegen die Brust.

«Tiny!»

Jetzt war er oben an der Treppe. Ich hielt den Atem an. Ich hörte lange Zeit nichts und stellte mir vor, wie er lauschend im Dunkeln dastand. Ich begann wieder, ganz leise zu atmen, mein Herz raste. Dann hörte ich unregelmäßige Schritte den Flur durchqueren. Vielleicht ging er ins Bett. Ich saß da auf dem harten Boden, bis mein Hinterteil eingeschlafen war und ich mich bewegen mußte. Langsam kroch ich hervor, ohne ein Geräusch zu machen. Dann schlich ich mich die Treppe hinauf, und zu meiner Erleichterung hörte ich Vern in seinem Schlafzimmer schnarchen.

Ich schlich auf Zehenspitzen in mein Zimmer, schloß meine Tür, klemmte einen Stuhl unter den Türgriff und kroch zitternd unter meine Bettdecke. Ich schlief den Rest der Nacht nur immer wieder kurz ein und träumte von Willa. Ich erwachte früh und dachte zum erstenmal seit langer Zeit wieder an sie.

Ich beschloß, wie immer zur Schule zu gehen, auch wenn Mama sich fragen würde, was um alles in der Welt ich mir dabei dachte, so früh aufzubrechen. Sie wollte wahrscheinlich, daß ich zu Hause blieb, um ihr zu helfen. Aber ich wollte nicht mehr allein mit Vern sein, nie mehr. Und wenn ich blieb, würde ich allein mit ihm sein, bis er wieder nach Loggy Bottom fuhr. Es war mir egal, ob Mama sauer auf mich war, ich war entschlossen, in die Schule zu gehen. Und ich wußte, daß ich Mama nie erzählen konnte, was passiert war. Es würde sie umbringen.

Ich wusch mich, zog mich an und kämmte mir die Haare. Ich fand, daß mein Gesicht blasser und unscheinbarer aussah als sonst. Leise ging ich die Treppe hinunter, die Bücher und die Klarinette unterm Arm. Das Haus wirkte kalt und unordentlich und sehr, sehr verlassen. Dann schlüpfte ich aus der Haustür.

Ich war die erste an der Bushaltestelle, und Cecil war überrascht, mich zu sehen, als er aus dem Haus kam.

«Hey Tiny, du bist ja schrecklich früh dran.»

Ich sagte nichts. Ich schaute zu meinem Haus hinüber, um festzustellen, ob Vern zu sehen war, aber der alte Schuppen klebte still am Berghang. Er sah häßlich aus. Plötzlich haßte ich ihn, und ich haßte Vern.

«Was ist denn los, Tiny?» fragte Cecil sanft.

Unsere Augen begegneten sich, und für den Bruchteil einer Sekunde hatte ich das Gefühl, er wisse alles, was geschehen war. Mein Gesicht begann zu glühen. Ich wandte ihm den Rücken zu und sah zum Ruby Mountain hinüber.

«Nichts», sagte ich nur.

Bei der Orchesterprobe trug Mr. Gillespie an diesem Tag wieder kurze Ärmel, und beim Anblick seiner Arme durchfuhr mich plötzlich ein heftiges Schamgefühl. Ich kam mir irgendwie schuldig vor, obwohl ich nichts Schlechtes getan hatte. Und ich war ganz furchtbar traurig. Wenn es doch letzte Woche oder gestern wäre, als dieses häßliche, verletzende Etwas mir noch nicht ... ja, was eigentlich genommen hatte? Ich wußte nicht, was es war, aber ich hatte etwas verloren. Ich wollte allein sein, weinen, mich zusammenrollen und Willa bei mir haben und wieder ein kleines Mädchen sein, das nie erwachsen werden mußte.

Als der Bus mich mittags wieder ausspuckte, ging ich langsam bergan. Der Lieferwagen war unter der Veranda geparkt, also war Vern da. Ich fragte mich, ob er allein war.

Ich zögerte.

Ich blieb stehen, um Nessie zu begrüßen. Vielleicht würde ich zu Tante Evie gehen.

«Mensch, Mama ist vielleicht sauer auf dich!» hörte ich Phyllis sagen, die plötzlich neben mir auftauchte.

Ich war erleichtert, aber ich antwortete ihr nicht. Phyllis folgte mir ins Haus. Die Jungen saßen am Küchentisch, und Vern und Mama waren oben.

«Was ist heute abend los?» fragte ich sie.

«Wir gehen wieder zu Pa», sagte Beau. «Wieso bist du denn in die Schule gegangen, wo du doch gar nicht gemußt hättest?»

Ich antwortete nicht.

Ein großer Korb mit Äpfeln stand auf dem Boden, und ich nahm mir einen davon. Ich wußte, daß sie aus Ma's und Pa's Garten waren. Sie hatten immer die besten Äpfel.

«Mama ist sauer auf dich», wiederholte Phyllis.

Ich überhörte es immer noch.

Ich setzte mich neben Beau und biß in meinen Apfel.

«Erzähl mir von gestern abend», sagte ich zu ihm.

«Was erzählen? Sie ist gestorben, das ist alles», sagte Beau.

«War der Arzt da?»

«Nein. Man kann doch wohl auch ohne Arzt sterben.»

Er und Luther kicherten.

«Habt ihr gesehen, wie sie starb?»

«Nee. Nur Daddy und Pa und Tante Tootsie waren bei ihr im Zimmer.»

«Hast du sie gesehen, nachdem sie gestorben war?»

«Ja.»

«Wie sah sie aus?»

«Tot.»

Wieder kicherten die Jungen.

«Sei doch mal ernst, Beau Mullins!»

«Ich bin ernst!» sagte er. «Sie sah tot aus, und sie war tot! Ist das etwa nicht ernst?»

«Es war genauso, wie wenn sie leben würde», bemerkte Luther. «Nur, daß sie nicht redete. Ich hab' sie noch nie so ruhig gesehen.»

Wir saßen einen Augenblick still und brachen dann in Lachen aus.

«Pst ...», versuchte ich sie zum Schweigen zu bringen und zeigte in die Richtung von Mamas und Verns Schlafzimmer.

Wir hörten Schritte auf der Treppe, und all meine Fröhlichkeit war wie weggeblasen. Ich wußte, daß es Vern war. Er kam in die Küche, und ich biß weiter von meinem Apfel ab, ohne ihn anzusehen.

«Du kannst heute abend zu Hause bleiben, Tiny», sagte er. «Wenn du willst.»

Das überraschte mich.

«Ich auch», sagte Phyllis. «Ich will nicht zu 'ner Totenwache gehen.»

«Ich auch nicht», sagten Beau und Luther gleichzeitig.

«Nein», sagte Vern. «Wir anderen müssen gehen. Aber Ma hat Tiny nicht gut behandelt.»

Ich war noch mehr überrascht. Ich hätte nie geglaubt, daß Vern das bemerkt hatte.

«Na ja, aber trotzdem ist Mama sauer auf Tiny», sagte Phyllis zum drittenmal, doch diesmal hörte ihr niemand zu.

Die Woche nach der Beerdigung verbrachte Vern die meiste Zeit mit Pa Mullins, und Mama spielte krank und blieb im Bett. Sie stand für nichts und niemanden auf, und ich hatte allmählich das Gefühl, daß ich sie nicht mochte. Die Kleinen gingen schmutzig zur Schule und streunten im Tal herum wie eine Horde wilder Hunde.

An einem Abend, als es sehr kalt war, briet ich Schinken und Eier mit Fleischsaft darüber zum Abendessen, und es schmeckte gut; viel mehr konnte ich nicht kochen, deshalb aßen wir fast die ganze Zeit Mettwurst. Wenn Vern zu Hause war, wich ich seinem Blick aus und redete nicht mit ihm. Auch er redete nicht mit mir, außer wenn es sein mußte. Meistens blieb ich in meinem Zimmer, wenn ich nicht in der Schule war.

Der große Tag kam, an dem das Telefon eingerichtet wurde. Mama stand auf, um zu zeigen, wo die Leitung an der Treppe im unteren Flur gelegt werden sollte, und der Telefonmann erklärte uns, wie man sich höflich am Apparat verhielt und wie man ihn benutzte.

Als er ging, schauten wir uns und das schwarze Ding grinsend an. Wir lauschten alle auf das Freizeichen und hängten dann den Hörer auf. Ich beschloß zu warten, bis der Flur frei war, um Bobby Lynn und Rosemary anzurufen und ihnen meine Nummer zu geben. Es war 40 54.

Unser erster Anruf kam, während wir noch dastanden und das Telefon bewunderten. Es waren vier kurze Klingelzeichen, und Mama hob den Hörer ab.

«Hallo, hier bei Vernon Mullins», sagte sie.

Es war die Telefongesellschaft, die den Anschluß testete. Als Mama aufhängte, hörten wir die Klingelzeichen für die anderen Teilnehmer an unserem Anschluß – ein langes Klingeln oder drei kurze Klingelzeichen oder eine Kombination von langen und kurzen Klingelzeichen.

Ruby Valley reichte dem Rest der USA die Hände.

7

Tante Evie fragte mich, ob ich ihr am Samstag helfen würde, Apfelmarmelade einzumachen. Die Hesses stellten die Äpfel, die Gläser, den Zucker, die Gewürze und einen reichlich bemessenen Anteil an der Apfelmarmelade für Tante Evie zur Verfügung, wenn sie die ganze Arbeit übernehmen würde. Mit Tante Evie zusammenzuarbeiten machte Spaß, weil sie immer Scherze machte, Geschichten erzählte und mich bei Laune hielt. Und so sagte ich zu.

Kaum war das ausgemacht, rief mich Bobby Lynn an und sagte: «Komm mit mir und Rosemary nächsten Samstag in *So bändigt man Eva*. William Lundigan und Susan Hayward spielen mit.»

Meine Güte, wie gern wollte ich mit ihr gehen, aber ich konnte Tante Evie doch nicht im Stich lassen.

Ich erzählte Bobby Lynn also alles von Tante Evie, wie sehr alle sie mochten, wie sie ihr Sachen brachten, daß sie verlassen worden war und immer ein offenes Ohr für unsere Probleme hatte.

«Na, vielleicht hätte ich selber Lust, Apfelmarmelade zu machen», sagte Bobby Lynn, was mich vor Überraschung beinahe umwarf. «Hast du gar nicht an so was gedacht?»

«Wirklich, Bobby Lynn?»

«Ja.»

«Glaubst du, Rosemary wird auch kommen?» fragte ich.

«Ich ruf' sie an, dann werden wir sehen.»

Ich hatte ein bißchen ein schlechtes Gewissen wegen Tante Evie, und so ging ich, nachdem das Gespräch beendet war, zu ihr hinauf, um sie zu fragen, was sie davon hielt, wenn lauter Fremde in ihr Reich eindrangen. Ich hätte es mir denken können! Tante Evie war furchtbar aufgeregt und tanzte mitten in ihrer Küche eine Jig.

«Das is ja wie früher, als ich 'n junges Mädchen war! So was ham wir immer zusammen gemacht. Wir können draußen ein großes Feuer anzünden und ...»

Und schon lief sie davon und machte Pläne für den Samstag. Den Rest der Woche verbrachten wir damit, Holz zu sammeln und alles herbeizuschaffen, was wir brauchten. Sie hatte einen riesigen schwarzen Topf, in dem die Äpfel gekocht werden sollten, und wir liehen uns aus verschiedenen Küchen Schüsseln und Messer zum Schälen und Kleinschneiden und Eimer für Schalen und Kernhäuser.

Mr. Hess und Cecil trugen die Äpfel in Körben den Berg hinauf und stellten sie in Tante Evies Hof. Ich half die Gläser zu tragen, und Cecils kleine Geschwister tauchten auf und lieferten Zucker und Gewürze.

Als ich am Samstagmorgen aufwachte, ging mir diese Melodie durch den Kopf:

War einst ein Indianermädchen
War ein scheues junges Ding.
Ein Lied sie sang, das fröhlich klang,
Ja, die Liebe ist kurz und der Tag ist lang.

Es waren die Nerven. Immer wenn ich nervös wurde, drehte sich irgendein albernes Liedchen in meinem Kopf, und egal was ich tat, es hörte nicht auf.

Was war, wenn Bobby Lynn und Rosemary sich langweilten? Und wenn sie dachten, ich wäre dumm und Tante Evie wäre dumm und wir wohnten in einem dummen Ort auf einem dummen Berg, und Apfelmarmelade einmachen wäre das Dümmste, was man an einem Samstag machen könnte?

Und das scheue Mädchen liebte
Einen kühnen Krieger sehr.
Heimlich war sie ihm gewogen –
Er ist in den Kampf gezogen.

Aber eines wußte ich: was ich diesmal tragen würde. Bobby Lynn und Rosemary sagten beide, sie würden ihre Blue Jeans und weiße Hemden von ihren Vätern tragen. Ich klaute Verns einziges weißes Hemd, und es war mir egal, ob er wütend auf mich wurde. Es war es wert. Und dann hatte Rosemary aus dem Laden ihres Vaters für uns Hundehalsbänder gekauft, die nur 69 Cents das Stück kosteten und die in der Schule gerade der große Renner waren. Sie waren aus Plastik, und man trug sie über den Söckchen um ein Fußgelenk. Meines war gelb, das von Rosemary rot, und Bobby Lynns war grün. Ich hatte meine Haare aufgewickelt, und als ich sie ausbürstete und sie um mein Gesicht lagen, sah es nicht schlecht aus.

Die Welt draußen war frisch und klar, die sich verfärbenden Berge standen leuchtend vor einem stahlblauen Himmel.

Bobby Lynn und Rosemary kamen kurz nach halb elf an. Rosemarys Bruder Hassell brachte sie in dem schwarzen Ford-Lieferwagen ihres Vaters. Hassell war sechzehn und groß, er hatte graue Augen wie Rosemary und dichte schwarze Haare, die ihm fast in die Augen hingen. Er machte mich nervös, mein Herz raste, und meine Gedanken gingen im Kreis. Ich war überrascht, als Hassell sich erbot, die Coca-Cola-Flaschen und die Süßigkeiten, die sie aus dem Laden ihres Vaters mitgebracht hatten, zu Tante Evies Haus hinaufzutragen. Ich steuerte die drei schnell um unser Haus herum, weil ich Angst hatte, daß einer von ihnen vielleicht hineingehen wollte. Ich wußte, daß Mama und Vern noch schliefen, und das ganze Haus und die Kleinen waren wie immer ein wüster Anblick.

Tante Evie trat uns an der Tür entgegen, aufgeregt wie ein Mädchen.

«Du bist Rosemary», sagte sie. «Tiny hat mir gesagt, daß du groß und hübsch bist. Und das ist Bobby Lynn, die wie eine Puppe aussieht. Sag mir, Bobby Lynn, ist Clint Clevinger dein Großpapa?»

«Na klar. Kennen Sie ihn?»

«Früher mal. Ja, früher mal. Jetzt nicht mehr. Und wer is dieser hübsche Knabe?»

«Das ist mein Bruder Hassell», sagte Rosemary.

Und wer kam da wohl genau in diesem Augenblick den Berg herauf? Cecil Hess natürlich!

«He!» sagte er fröhlich. «Hassell, ich hab' dich gesehen und hab' mir gesagt: Ich wette, der alte Hassell und ich können da gut mitmischen.»

Hassell grinste. Bobby Lynn kicherte. Sie fand Cecil toll. Dann kamen Beau, Luther und Phyllis daher. Ich wäre beinahe gestorben.

«Geht sofort wieder nach Hause!» Ich stampfte mit dem Fuß auf. «Niemand hat euch gebeten zu kommen.»

Rosemary legte ihren Arm um Phyllis.

«Ist sie nicht süß?» sagte sie.

Ich könnte schwören, sie hätte sie nicht so süß gefunden, wenn sie sie im A & P schreien gehört hätte. Aber Phyllis hatte jemanden gefunden, der einen Narren an ihr gefressen hatte. Beau und Luther hingen wie die Kletten an Hassell, und niemand schien sich daran zu stören, außer mir. Dann kamen Cecils Geschwister eins nach dem anderen daher. Ich hätte mir die Fingernägel abbeißen können. Und dann tauchten auch noch J. C. Combs, Joyce Boyd und Dolly Horn auf, und wir alle brachen in Lachen aus. Es war eine ausgewachsene Gesellschaft, und ich mußte mich um nichts mehr kümmern. Ich konnte mich entspannen.

Schon bald stürmten die Kinder durch Tante Evies Hof und verschwanden im Wald. Wir anderen schälten Äpfel, lachten, machten Späße, während Tante Evie überglücklich herumflitzte und Anweisungen brüllte.

Der schwarze Topf stand mitten im Hof auf dem Feuer, und als sie die Gewürze in die blubbernden Äpfel streute, gab es einen Duft, der einem das Wasser im Mund zusammenlaufen ließ. Wir schöpften eine Schale halbfertige Apfelmarmelade heraus und ließen sie herumgehen, damit jeder die Marmelade mit einem Stück Brot kosten konnte. Sie war gut und regte unseren Appetit auf andere Leckerbissen an.

Irgendwie brachten wir eine Menge Hot Dogs, Candy-Stangen, Kartoffelchips, eingelegtes Gemüse, Lutscher und Kaugummi und noch wer weiß was alles zusammen. Immer wenn wir etwas aufgegessen hatten, schien plötzlich etwas Neues an seiner Stelle aufgetaucht zu sein. Cecil, J. C. und Hassell liefen immer wieder hinunter zum Einkaufsladen der Minengesellschaft unten im Tal, und dann kamen nach und nach auch die Erwachsenen herauf und brachten Nachschub.

Die Horns und die Hesses kamen zuerst mit einem großen Kuchen und frischem Apfelwein. Sie halfen uns, die Apfelmarmelade fertigzukochen, und schließlich standen fünfundvierzig Marmeladegläser in einer Reihe auf Tante Evies Veranda.

Dann kamen die Combs und Mama und Vern mit Sandwiches und Limonade. Mama hatte sich zurechtgemacht und sah hübsch aus.

«Das ist meine Mutter», stellte ich sie Bobby Lynn und Rosemary vor, und sie begrüßten sie.

Vern wartete, daß ich ihn auch vorstellte. «Und das ist Vern», sagte ich rasch.

Er schaute mich an, wie ich in seinem einzigen weißen Hemd dastand, in dem ich völlig verschwand. Ich drehte ihm den Rükken zu und machte mich davon. Er begrüßte meine Freunde und ging dann zu Mr. Horn hinüber, um mit ihm zu sprechen. Ich glaube, sie sprachen den ganzen Nachmittag über Gewehre. Wie kann man länger als eine Minute über Gewehre sprechen? Sie machen Krach. Was gibt es sonst noch darüber zu sagen? Sie töten. Das ist alles. Aber Vern hatte diese schreckliche Flinte an der Wand im Wohnzimmer über dem Loch hängen, das früher einmal der Kamin gewesen war. Mr. Horn war schon lange scharf auf dieses Gewehr, denn er wollte es für seine Sammlung haben. Er hatte einen ganzen Haufen Gewehre, manche von ihnen rostig, manche jahrhundertealt. Er hatte jeden Trick angewendet, um Vern das Gewehr abzuluchsen, aber es hatte nichts genützt.

Ich merkte, daß Hassell immerzu Dolly Horn auf den Fersen war, die ihn aber gar nicht beachtete. Sie hatte sich in einen Jungen aus Princeton, Westvirginia, verliebt, den sie bei einem Zeltlager kennengelernt hatte. Cecil und Bobby Lynn schienen sich prächtig zu verstehen. Ich dachte an Mr. Gillespie und wünschte mir sehnsüchtig, er möge auch da sein. Aber Apfelmarmelade einkochen war wahrscheinlich das letzte, was er je tun würde.

Als es Abendessenszeit war, hatte sich die Luft abgekühlt, und Bobby Lynn, Rosemary und ich saßen mit Tante Evie um das Feuer. Jeder von uns hatte einen Klumpen grünen Kaugummi, auf dem er herumkaute, aber meiner war der größte. Dann begann Tante Evie, uns von Ward zu erzählen.

«Ich lebte damals in Glory Holler am Abhang eines Berges, so ungefähr wie hier», sagte sie. «Und Ward lebte unten in der Nähe von Harry's Branch. Als er kam, um mir den Hof zu machen, jodelte er für mich die Straße herunter, und man konnte ihn schon von weit her hören. Wenn ich ihn jodeln hörte, jodelte ich zurück.»

«Kannst du denn jodeln, Tante Evie?» fragten Rosemary und Bobby Lynn gleichzeitig.

«Natürlich kann ich jodeln!»

«Ach, bitte tu's! Tu's!» quiekte Bobby Lynn. «Ich finde Jodeln so toll!»

Und da baute sich Tante Evie doch tatsächlich neben dem Feuer in der kalten Abendluft auf und jodelte, daß es nur so schallte! Es lief mir kalt den Rücken herunter, denn ich hatte noch nie jemanden besser jodeln gehört, nicht einmal Carolina Cotton im Film.

Die Leute ließen alles liegen und stehen, schauten zu Tante Evie herüber und hörten zu, wie sie jodelte.

Also, man möchte es kaum glauben, aber ich sah, wie die sechsundvierzig Jahre Warten von dieser alten Frau einfach abfielen. Ich sah plötzlich ein junges Mädchen vor mir, das seinem Liebsten zujodelt, und ich glaube, den anderen ging es genauso.

Als sie fertig war, saßen wir mucksmäuschenstill, denn das Echo hallte noch von den Bergwänden zurück. Dann klatschten wir und ließen sie hochleben.

Bobby Lynn war sprachlos. Sie war wirklich begeistert vom Jodeln, und ich glaube, daß sie in diesem Augenblick beschloß, daß Tante Evie ihr das Jodeln beibringen müßte.

«So was Tolles hab' ich noch nie gehört», sagte Rosemary.

Tante Evie zuckte nur mit den Schultern.

«Alle Leute in der Umgebung jodelten, als ich noch ein Mädchen war. Man sagte damit: ‹Jetzt komm ich.› Heutzutage drückt man bloß auf die blöde Hupe. Ist lang nicht so schön.»

Als es dämmerte, wurden wir schweigsam und begannen aufzuräumen. Bobby Lynn und Rosemary waren die ersten, die sich zusammen mit Hassell verabschiedeten. Ich fand es schrecklich, daß sie gingen.

«Tante Evie», sagte Bobby Lynn, «ich hab' glaub' ich noch nie einen so schönen Tag erlebt.»

«Ich auch nicht», stimmte Rosemary zu.

«Und wir erst recht nicht», riefen die anderen im Chor.

«Na, ihr könnt euch bei Tiny bedanken», sagte Tante Evie und legte den Arm um mich. «'s war ihre Idee.»

Ich war verlegen, und ich bückte mich und fingerte an meinem Hundehalsband herum.

In dieser Nacht war ich so aufgeregt, daß ich das Gefühl hatte, ich würde nie mehr einschlafen. Phyllis lag neben mir und war völlig hinüber, während ich hinausschaute zum Mond über den Bergen.

Und die schöne Red Wing unterm Vollmond steht,
Der Nachtvogel klagt, der Nachtwind weht.

8

In den folgenden Wochen kam der Herbst voll zum Ausbruch und mit ihm mein gesellschaftliches Leben.

Orangefarbene und rote Flecken ... der Duft von verbrannten Blättern und kalter Wind, der durchs Tal herunterknatterte ... der schrille neue Klang der Telefonglocke!

«Es ist für Tiny ... schon wieder!»

Die Football-Saison, die ersten Niederlagen und die ersten Tore ... klarer Himmel und ein Hauch von Blau und Gold über allem ... *Das Sternenbanner* ... kalte, klare Nächte und Begeisterung für die Schule.

Ein Hoch unserer Black-Gap-High-School,
dreimal hoch für unsere liebe alma mater!

Trommelwirbel und Paraden ... links rechts, links rechts ... Kälteschauer und Hochrufe.

Erdbeerkuchen, Heidelbeerpastete!
S-I-E-G!
Wer wird gewinnen?
Verflixt noch mal!
Black-Gap-High-School,
Kämpft! Kämpft! Kämpft!

Jungens, Geblinzle und Gekichere, heißer Kakao und die «Märsche von Sousa» ... unsere Rivalen – Bluefield und Richlands und Big Lick – versteckt in kleinen Senken und Furchen der Berge wie lauernde wilde Tiere ... meine ersten und besten Freundinnen, Bobby Lynn und Rosemary, und Mr. Gillespie, natürlich über allen thronend, mit uns lachend und scherzend, seinen Taktstock schwingend, durch meine Träume geisternd Tag und Nacht.

Es war wirklich eine wunderbare Jahreszeit, aber so plötzlich, wie sie begonnen hatte, endete sie auch. Das letzte Football-Spiel in Black Gap fand statt. Danach, als sich alle Leute draußen drängten und aus dem Parkplatz ein Verkehrsstau wurde, machten Rosemary, Bobby Lynn und ich uns davon und suchten uns ein ruhiges Fleckchen auf dem vorderen Schulhof. In unseren Orchesteruniformen lagen wir auf dem Rücken und sahen auf zu dem weißen Turm der Schule mit dem Himmel dahinter. Wir waren uns damals so nahe, daß wir kein Wort sprechen mußten.

Plötzlich wurden wir in unseren Gedanken durch eine schreckliche männliche Stimme unterbrochen.

«Wie heißt du, Kleine?»

Wir drei sprangen auf die Füße und schnappten vor Schreck nach Luft. Ein Mann trat aus dem Schatten. Wir starrten den Eindringling an.

Er war alt und gebeugt und ging am Stock. Er hatte einen langen weißen Bart und trug eine Rodlermütze über den Ohren, eine rotkarierte Jacke und einen Overall.

Wir waren sprachlos.

«Sag schon! Wie heißt du?» wiederholte er, und er bohrte mir seinen Stock so heftig in die Schulter, daß ich beinahe rückwärts umfiel. Bobby Lynn und Rosemary fingen mich auf.

«Ti... Tiny Lambert», stotterte ich.

«Aha!» schnaubte er laut und spuckte eine dicke Ladung Tabaksaft ins Gras. «Wohnst du im Ruby Valley bei den Mullins?»

Ich nickte.

Rosemary versuchte sich unauffällig aus dem Staub zu machen. Sie wollte Hilfe holen.

«Was? Ich hör' doch nicht, wenn du den Kopf schüttelst, Kleine!» brüllte er.

«Ja!» brachte ich heraus. «Ich lebe im Ruby Valley mit meiner Mutter Hazel Mullins und meinem Stiefvater Vernon Mullins. Wer sind Sie?»

«Geht dich verdammt noch mal nichts an!»

Das machte mich wütend, und wir starrten uns eine Minute lang gegenseitig an. Dann wandte er sich plötzlich um und ließ uns stehen.

«Wer könnte das ...?»

«Ich weiß nicht», sagte ich schnell und zitterte dabei. «Gehn wir zu den anderen zurück.»

Spät in dieser Nacht kehrte das Gesicht des alten Mannes zurück und erschreckte mich. Oh, ich kannte ihn sehr wohl, aber ich war selbst überrascht, daß ich mich an das Gesicht erinnern konnte. Es war ein Gesicht aus der verschleierten Vergangenheit – ein Gesicht, das mit Willa zusammenhing und mit dem Rennen über einen windigen Berggipfel und mit dem Geschmack von Erdbeeren. Großpapa Lambert.

Bobby Lynn verbrachte von da an jeden Samstag bei Tante Evie, um Jodeln zu lernen. An schönen Tagen konnte ich sie im Freien üben hören. Zu Mittag ging ich zu ihnen hinauf, und wir plauderten und kicherten und aßen dabei etwas Leckeres, das Bobby Lynn von zu Hause mitgebracht hatte.

Rosemarys Geburtstag war an einem Samstag im Februar, und sie lud mich und Bobby Lynn zu sich ein. Wir sollten den ganzen Tag und die Nacht bei ihr verbringen. Sie wohnte etwa zwölf Meilen entfernt von Black Gap. Dann begann es genau an diesem Tag heftig zu schneien, doch Bobby Lynns Vater legte die Schneeketten an seine Autoreifen und holte uns trotzdem.

Es machte Spaß zu sehen, wie schön alles draußen war. Wir waren bester Laune, als wir aus Mr. Clevingers Auto stiegen und in den Laden von Rosemarys Vater gingen.

Rosemary half ihm dort, doch als wir ankamen, gab er ihr frei. Sie machte sich sofort aus dem Staub, und wir gingen durch die Hintertür des Ladens zum Flußufer. Vor uns führte eine Hängebrücke über den Fluß – sie war etwa dreißig oder vierzig Meter lang und endete auf der anderen Seite beim Bahngleis. Jenseits lag an den Berghang geschmiegt das hübsche weiße Haus der Laynes, aus dessen Kamin Rauch kam.

«Wohnst du da drüben?» rief ich erstaunt. «Müssen wir über diese Brücke auf die andere Seite gehen?»

«Klar», sagte Rosemary. «Komm, ich zeig' dir, wie man darauf geht. Es macht Spaß.»

Rosemary begann, über die Brücke zu marschieren. Sie war ungefähr drei Fuß breit und hatte auf jeder Seite einen Zaun aus Maschendraht und ein Seil, so daß man nicht Gefahr lief, hinunterzufallen.

Offensichtlich war Rosemary eine Expertin im Umgang mit dieser Brücke. Sie begann zu schwanken – wie ein Bett, wenn man darauf herumläuft. Rosemary griff nach dem Seil und lächelte mir und Bobby Lynn von der Mitte der Brücke aus zu.

«Kommt doch! Ihr müßt euch dem Rhythmus der Brücke anpassen.»

Und so machten wir uns lachend auf, ihr nachzugehen. Aber diese Brücke war so raffiniert, daß es, um sie kennenzulernen, nicht reichte, wenn man jemand anderem zusah, der darüberging. Jedesmal, wenn man dachte, sie würde nach rechts schwingen, ging sie nach links. Und jedesmal, wenn man dachte, sie würde nach unten ausweichen, kam sie statt dessen nach oben. Nach ungefähr zehn Schritten brachen Bobby Lynn und ich in solch heftiges, albernes Gekicher aus, daß wir nur noch dastehen und uns aneinander und an das Seil klammern konnten. Rosemary mußte kommen und uns abholen. In wenigen Schritten hatte sie uns über den Fluß und zum Bahngleis auf der anderen Seite drüben hinaufgeführt.

In Rosemarys Haus war es gemütlich und sauber. Sie hatten ein großes Feuer im Kamin im Wohnzimmer brennen, und davor lag ein riesiger, runder, dichtgewebter Teppich. Ich roch etwas Gutes, das im Backofen zubereitet wurde – wahrscheinlich ein Geburtstagskuchen. Der Fernsehapparat in der Ecke des Zimmers war eingeschaltet.

Hassell kam mit einem Glas Milch und einem riesigen Sandwich aus der Küche und kaute mit vollen Backen auf einem Bissen herum.

«Hi, Hassell!» sagten wir, und er winkte mit seinen vollen Händen, während er zugleich versuchte, mit der Ladung in seinem Mund fertigzuwerden.

Wir lachten. Wir mußten damals über alles lachen.

Mrs. Layne kam aus der Küche und wischte sich die Hände an der Schürze ab. Sie war eine warmherzige, freundliche Frau, die wie eine Ausgabe von Rosemary in den mittleren Jahren wirkte.

«Kommt rein, Mädchen. Zieht eure Mäntel aus. Ist's nicht schrecklich draußen?»

«Nein, nein, wir wollen einen Schneemann bauen», sagte Rosemary. «Ich bin nur reingekommen, um dich zu bitten, daß du uns einen heißen Tee zum Kuchen machst.»

«Ist schon gut», sagte Mrs. Layne.

Wir gingen wieder hinaus.

«Ich will noch mal auf die Brücke gehen», sagte Bobby Lynn, als der Schneemann fast fertig war.

«Ich auch!» sagte ich.

«Klar, machen wir», sagte Rosemary.

Die Brücke war für Rosemary wahrscheinlich nichts Besonderes mehr, aber sie war immer gutwillig.

«Nachher gehen wir rein, essen Kuchen, trinken Tee und sehen fern», sagte Rosemary.

«O ja!»

Wir machten unseren Schneemann fertig und gingen auf die Brücke. Wir schlenderten, sprangen, schwangen uns nach vorne und zurück und kicherten ununterbrochen, bis Bobby Lynn und ich plötzlich das Geheimnis entdeckten, mit dem Rhythmus in Einklang kamen und herumtanzten, ohne ein einziges Mal zu stolpern.

Wir begegneten uns in der Mitte, hielten uns am Seil fest, um das Gleichgewicht nicht zu verlieren, und schauten über den halb zugefrorenen Fluß und die weißen Berge. Die Sonne stand schon hoch am Himmel, und wir wußten, daß der Schnee unter ihren Strahlen nicht lange liegenbleiben würde.

«Jodle für uns, Bobby Lynn», sagte ich.

«Ach ja, bitte!» bettelte Rosemary.

«Ich kann's noch nicht so gut», sagte sie.

«Macht nichts. Bitte tu's», sagte ich.

«Gut», gab Bobby Lynn nach. «Ihr beide singt ‹Einst wohnte ich im Tal›, und wenn ihr zu der Stelle mit dem Jodeln kommt, mach' ich weiter.»

Also sangen wir.

Einst wohnte ich im Tale
mein Mädchen auf der Höh',
und unser Zeichen war
Heiholladuliöh.

Und da legte sie los. Es war nicht Tante Evie, aber sie jodelte ganz schön.

Ich wollte sie besuchen,
da war sie weg, o weh!
Und nichts mehr war zu hören
vom Holladuliöh.

Rosemary und ich klatschten ihr Beifall. Wir waren in der richtigen Stimmung und sangen noch ein paar andere Lieder. *Es tut nicht mehr weh, O meine Süße* und *Der große Heuchler*. Dann kam *Im Frühling seh' ich dich* an die Reihe. Ich liebte dieses Lied und legte los. Ich warf den Kopf zurück, schaute in den Himmel auf, in dem die Sonne tanzte, und fand, daß es ein wunderbarer Tag war.

Ich seh' dich in der Weide
am Wasser trauernd stehn,
Ich seh' dich im jungen Fohlen
träumend im Grase gehn.

Hoch steh' ich auf dem Berge,
weit schwingt der Vogel sich.
Du bist in weiter Ferne,
im Frühling seh' ich dich.

Und dann merkte ich erst, daß ich ganz allein sang. Ich schloß schnell den Mund und wandte den Kopf ruckartig Bobby Lynn und Rosemary zu. Sie starrten mich verblüfft und sprachlos an. Ich merkte, wie mir das Blut ins Gesicht schoß. Was für einen Blödsinn hatte ich jetzt wieder angestellt?

«Was is'n los?»

«Was los is'?» sagte Bobby Lynn ungläubig und stemmte die Hände in die Hüften. «Mensch, ich wußte gar nicht, daß du so singen kannst!»

«Wie?»

«Ich hab' überhaupt nicht gewußt, daß jemand *so* singen kann», fügte Rosemary mit ehrfurchtsvoller Stimme hinzu. «Außer vielleicht Patty Page oder Teresa Brewer.»

Ich war derart verblüfft, daß es mir die Sprache verschlug.

«Das war wunderbar, Tiny», sagte Bobby Lynn.

Sie meinten es ernst. Sie fanden meinen Gesang wirklich schön.

«Weißt du», sagte Rosemary, «daß sie dieses Jahr einen Talentwettbewerb veranstalten?»

«Nein, das wußte ich nicht», sagte Bobby Lynn. «Wann denn?»

«Nach dem Schönheitswettbewerb. Sie machen's, damit die Jungen auch an einem Wettbewerb teilnehmen können. Aber es können alle mitmachen. Ihr müßt unbedingt dabei sein. Tiny kann singen, und du kannst jodeln.»

«Sing noch was», sagte Bobby Lynn zu mir.

Aber ich genierte mich ganz plötzlich.

«Nicht allein. Ihr müßt mitsingen.»

Wir stimmten eine Menge Lieder zusammen an, die ich dann immer allein zu Ende sang. Danach gingen wir ins Haus und setzten uns vor den Fernseher. Mrs. Layne brachte uns Sandwiches und Popcorn, Geburtstagskuchen und Tee.

Wir schauten uns *Richter Roy Bean*, *Fury* und *Huntington Dance Party* an, bis die Abendnachrichten kamen.

Und die ganze Zeit hatte ich nur einen Gedanken im Kopf: «Ich kann singen! Ich kann singen!»

9

Ich und Mr. Gillespie sitzen an einem Samstagabend in seinem Auto im Drive-in-Kino an der Einfahrt zum Glory. Wir tragen beide kurze Ärmel, und unsere Arme berühren sich …

«Spiel ein bißchen Dame mit mir.» Luther ließ sich neben mir auf die Schaukel auf der Veranda fallen und verscheuchte Mr. Gillespie aus meinem Kopf. Es war ein schöner Sonntag im frühen Mai, ein paar Tage nach meinem fünfzehnten Geburtstag. Ich hatte das erste Mal in diesem Jahr Shorts an, und von einem Baumwipfel hörte ich einen Vogel singen: «So – hübsch! So – hübsch!»

«Ach Luther», stöhnte ich. «Jetzt doch nicht. Das ist doch kein Dame-Tag.»

Luther grinste. «Hättest du keine Lust, mich heute zu schlagen?»

«Haha!»

Es war ein Witz. Luther war der unbestrittene Dame-Champion vom Ruby Valley – vielleicht von der ganzen Welt. Er schlug jeden. Manchmal standen irgendwelche Fremden vor der Tür, um sich mit Luther zu messen, und immer gingen sie kopfschüttelnd weg. Luther war gerade neun geworden und spielte jetzt seit drei Jahren. Besonders verrückt war, daß er nichts anderes konnte. Er konnte immer noch nicht lesen oder mehr als zwei Zahlen zusammenrechnen. Manchmal hatte er Mühe, seine Schuhbänder zu schnüren, aber Dame spielen konnte er.

«Du hast lang nicht mehr mit mir gespielt», sagte er. «Vielleicht kannst du mich jetzt schlagen.»

Wieder grinste er und zeigte zwei große Hasenzähne und eine rote Zunge, mit der er Gelatinepulver mit Kirschgeschmack aus dem Paket geschleckt hatte.

«Bestimmt, Luther», sagte ich. «Und vielleicht kommt heute abend Präsident Eisenhower zum Essen.»

«Ach, komm schon, Tiny.»

Ich schaute zu den Bergen auf, die jetzt wieder dicht von Grün waren. Ach was für ein wunderschöner Tag, dachte ich, man müßte ihn mit einem wundervollen Menschen wie Mr. Gillespie verbringen ... und händchenhaltend einsame Gegenden durchstreifen.

«Wenn du ein Spiel mit mir machst, sag' ich dir, was Cecil über dich gesagt hat.»

«Was? Was hat er denn gesagt? Cecil Hess? Pah! Er soll über mich geredet haben? Es ist mir egal, was Cecil Hess über mich gesagt hat. Was war's denn?»

«Spiel mit mir.»

«Ich will nicht Dame spielen, und es ist mir egal, was Cecil Hess über mich gesagt hat. War's was Gutes oder was Schlechtes?»

«Ich stell' das Brett auf», sagte Luther und zerrte eine Lattenkiste herbei, die er zu diesem Zweck in der Verandaecke deponiert hatte. Dann setzte er sich mit überkreuzten Beinen auf den Boden und baute das Spiel auf. Er spielte immer mit Schwarz. Ich bekam Rot.

«Wem hat er's gesagt?»

«Du bist dran.»

«Hat er's dir gesagt?»

«Nein, er hat's Roger Altizer am Telefon gesagt.»

«Luther! Hast du am Zweitanschluß mitgehört?»

«Nein, ich hab' nur zufällig deinen Namen aufgeschnappt.»

Luther machte einen seiner brillanten Züge.

«Warum springst du nicht gleich mit allen, damit's vorbei ist?» sagte ich.

Er lachte. Er sonnte sich in seinem Erfolg.

«Also, was hat Cecil über mich gesagt?»

«Er hat gesagt, daß dich jemand mag.»

«Jemand? Wer denn?»

«Weiß nicht. Irgend'n Junge findet dich toll und mag dich.»

«Wer denn? Wer denn bloß?»

«Mehr hab' ich nicht gehört.»

«Soll das heißen, daß Cecil gesagt hat, ‹jemand mag Tiny›? Einfach so: jemand?»

«Nein, er hat den Namen gesagt.»

«Und?»

«Und was? Tiny, dahin kannst du nicht ziehen.»

«Sein Name, Idiot, wie heißt er?»

«Weiß ich nicht mehr.»

«Luther, hast du das alles erfunden?»

«Nein, geh doch und frag Cecil.»

«Das kann ich nicht.»

Er warf meine letzten beiden Figuren raus, und das Spiel war vorbei.

«Noch eins», sagte er.

«Nein!»

«Warum denn nicht? Hab' ich dir nicht erzählt, was Cecil gesagt hat?»

«Aber du hast den Namen nicht rausgebracht.»

Das Telefon läutete.

Ich hörte, wie drinnen im Haus Beau und Phyllis losrannten, und zugleich machte ich einen wilden Satz, stolperte über Luther und warf das ganze Spiel um.

Luther sagte ein ganz schlimmes Wort, und ich rief ihm über die Schulter zu: «Du nimmst was in den Mund, was ich nicht mal in die Hand nehmen würde!»

Phyllis war schneller als ich am Telefon.

«Hallo Dixie», sagte sie. «Mama ist noch im Bett. Daddy auch. Was willst du?»

Dixie war Mamas Jugendfreundin, und ich konnte sie nicht leiden. Sie fragte mich immer so persönliche Sachen wie: «Welche Büstenhaltergröße hast du eigentlich jetzt, Tiny?»

«Hier, ich geb' dir Tiny», sagte Phyllis und drückte mir den Hörer in die Hand.

«Hallo Dixie», sagte ich.

«Tiny, ich muß dringend mit Hazel sprechen, hol sie mal.»

«Kann ich nicht, Dixie. Sie schläft, und du weißt, wie sie ist, wenn man sie weckt.»

«Also, Tiny Lambert, dein Großvater Lambert ist gestern nacht gestorben. Ich hab's zufällig erfahren, als ich zur Schicht ins Krankenhaus ging. Willst du's vielleicht deiner Mutter sagen?»

«Gestorben? Woran denn?»

«Bosheit wahrscheinlich, aber das darf man ja nicht laut sagen. Willst du Hazel die Nachricht bringen?»

«Nein. Ich hol' sie.»

«Aber mach schnell. Ich hab' nicht fünf Stunden Zeit.»

Ich ging langsam die Treppe rauf und wiederholte, was ich Mama sagen wollte. Ich klopfte an ihre Tür.

«Mama?»

Keine Antwort. Ich wartete.

Ich klopfte noch einmal.

«Mama?»

«Klopf bloß nicht noch mal an die Tür, Tiny!» brüllte sie.

«Mama, Dixie ist am Apparat, und sie sagt, daß es ganz, ganz wichtig ist.»

«Zum Teufel mit Dixie!» schnaubte Vern.

«Mama», sagte ich. «Es ist ein Notfall.»

Dann hörte ich lange nichts.

«Mama», rief ich wieder und wurde wütend.

Zwischen Mama und Dixie zu stehen war aufreibend.

«Ja, ist schon gut», murmelte Mama. «Sag ihr, ich komme.»

Ich ging also zum Telefon und sagte Dixie, daß Mama kommen würde, und dann ging ich wieder auf die Veranda hinaus und setzte mich in die Hollywoodschaukel.

«Ich kann meine Steine nicht mehr alle finden!» zischte Luther. «Du mußt mir welche kaufen!»

«Psst ...», versuchte ich ihn zum Schweigen zu bringen. «Ich helf' dir suchen. Hör mal ...»

Mama war auf der Treppe zu hören.

«Was ist denn?» flüsterte Luther und setzte sich neben mich.

«Du mußt bloß zuhören.»

«Hallo Dixie», sagte Mama. «Ist was los?»

Eine Minute blieb es still.

Dann: «Oh!»

Das war alles, was sie sagte.

«Großpapa Lambert ist gestorben», flüsterte ich Luther zu.

«Mamas Daddy?»

«Ja.»

«Dank dir, Dixie», sagte Mama. «Nein, du brauchst nicht zu kommen. Ich muß drüber nachdenken. Dann also Wiederhören.»

Und das war es. Mama ging wieder ins Bett. Nichts weiter.

Ich dachte an den Abend, als ich Großpapa Lambert in der Schule gesehen hatte. Ich hatte Mama nie davon erzählt, weil ich annahm, es würde sie aufregen. Einmal hörte ich sie sagen, sie hätte ihn in Black Gap gesehen und er hätte nicht mit ihr geredet. Und dabei weinte sie. Aber das war lange her. Vielleicht war es ihr jetzt egal.

Ich schaukelte und dachte lange Zeit über Großpapa und Mama nach. Es schien so sinnlos, daß sie sich all die Jahre nicht mehr hatten sehen wollen, nur weil ... Warum eigentlich? Wegen eines dummen Zwists zwischen den Mullins' und den Lamberts vor hundert Jahren.

Ungefähr eine Stunde später kam Mama die Treppe herunter. Sie trug ihre Hosen, ein altes kariertes Hemd und einen Strohhut. Sie kam raus, setzte sich neben mich und zündete sich eine Zigarette an.

«Hat dir Dixie gesagt, was passiert ist?» fragte sie.

«Ja.»

«Tiny, laß uns nach Ruby Mountain rauffahren.»

«Gut.»

«Ich muß entscheiden, was passieren soll. Der Leichnam ist in der Leichenhalle von Childress, und ich will ihn nicht hierher bringen lassen.»

«Hat er nicht irgendwo noch Verwandte?»

«Nein, seine ganze Familie ist in den dreißiger Jahren wieder nach Ohio gezogen. Nur er ist geblieben. Er hat die Verbindung zu ihnen verloren, und ich weiß nicht mal, wie sie hießen. Es gab mich und meine Mutter und meinen Bruder, Danny James. Aber sie sind beide an Scharlach gestorben, als ich vierzehn war. Nur ich und Daddy blieben übrig, bis du zwei Jahre später kamst.»

Vern kam die Treppe herunter und blieb bei der geöffneten Gittertür stehen.

«Also, los dann!» sagte er und nahm den Schlüssel für den Lieferwagen von einem Haken neben der Eingangstür.

«Wohin fährst du?» rief Phyllis aus dem Haus. «Ich will mit.»

«Nein», sagte Mama. «Nur ich und Tiny. Hol mir einen Eimer aus der Küche, Phyllis.»

Phyllis kam heraus und stellte sich neben Vern.

«Einen Eimer? Für was denn?»

«Oben am Berg sind die Erdbeeren reif. Los, geh schon.»

«Kann ich nicht mit, Daddy?» sagte Phyllis einschmeichelnd und schmiegte sich an ihn.

«Sie kann mitfahren», sagte Vern zu Mama. «Wir setzen euch ab und holen euch dann wieder.»

«Na gut», gab Mama nach. «Aber hol mir den Eimer, Phyllis. Den angeschlagenen blauen mit den Gänseblümchen drauf.»

«Ich darf auch mit, siehst du!» stichelte Phyllis mit einem Blick auf mich, als sie hineinging.

Wir anderen gingen die hohen Stufen hinunter. Ich kletterte hinten in den Lieferwagen, weil ich keine Lust hatte, in meinen Shorts neben Vern zu sitzen. Dann kam Phyllis mit dem Eimer heraus, und wir fuhren den Berg hinunter zum Feldweg. Danach fuhren wir das Tal hinauf zum Ruby Mountain, und Phyllis begann, ein albernes Liedchen über eine alte Frau zu trällern, die eine Fliege verschluckt hatte. Meine Gedanken gingen spazieren.

Mama war nur ein Jahr älter gewesen als ich, als sie schwanger mit mir war.

Mama, dachte ich, wie warst du? Hattest du Träume wie ich? Hast du meinen Daddy geliebt wie ich Mr. Gillespie liebe?

Der Lastwagen kletterte zwischen zwei Bergen hinauf, die immer enger zusammenrückten, und die Straße wurde immer schmaler und unebener. Bald schon war sie nur noch ein Forstweg, holperig von großen Steinen; dann wand sie sich um den Bergabhang wie ein heraufrutschender Gürtel, und man konnte aus dem Seitenfenster des Lieferwagens hinunterschauen in ein tief, tief unten liegendes Tal. Ein Schlittern des Reifens und ...

Ich stellte mir vor, wie der Lieferwagen den Berg hinabrollte, sich überschlug, uns ausspuckte und zerquetschte.

Am Montagmorgen vor der Schule. Alle schlendern herum oder sitzen auf dem Zaun. Tiny Lambert ist in aller Munde.

«Sie war ein wunderbarer Mensch», sagen sie. «Wunderbar.»

«Es wußte überhaupt niemand, wie wunderbar sie wirklich war», sagt Bobby Lynn.

«Niemand hat ihre erstaunliche Begabung als Sängerin erkannt», sagt Rosemary.

Und im Orchester verkündet Mr. Gillespie, daß Tiny Lambert auf dem Friedhof dort draußen vor dem Orchesterraumfenster begraben wird, wo sie immer die Musik hören kann, die sie so sehr liebte ...

«Ich hab' sowieso keine Lust, Erdbeeren zu pflücken», sagte Phyllis gerade.

Die Straße stieg nicht mehr an, und wir überquerten die Paßhöhe. Sie war übersät mit Gänseblümchen und Veilchen und anderen blühenden Pflanzen. Man hatte einen Ausblick über mehrere Meilen hinweg – Berge und Täler und überall rings um uns Himmel. Man mußte nicht erst den Hals verrenken, um ihn zu sehen.

Eine Erinnerung blitzte vor meinem geistigen Auge auf: eine Erinnerung an mich und Willa, wie wir lachend durch wilde Blumen springen, und ich hatte das Gefühl, nach Hause zu kommen.

10

Der Lieferwagen hielt vor einem Holzhäuschen. Du meine Güte, es sah ja aus wie das Geburtshaus von Abraham Lincoln oder so was. Mama stieg aus dem Wagen und starrte das Haus an. Ich stieg aus und stellte mich neben sie.

«Ich bin gegen vier zurück», rief Vern.

Mama antwortete nicht. Phyllis stieg aus, stellte den Eimer auf die Veranda und kletterte zu Vern ins Führerhäuschen.

«In Ordnung?» schrie Vern. «Vier Uhr?»

«In Ordnung», sagte Mama, ohne ihre Augen von dem Haus zu wenden.

Vern machte kehrt und fuhr davon.

«Es hat sich überhaupt nicht verändert», sagte Mama.

Ich sagte nichts, weil ich mich nicht an das Haus erinnerte. Mama ging langsam darum herum, und ich folgte ihr.

Plötzlich hüllte uns ein wunderbarer Duft ein ... süß und zart wie ... Willa! Es war Willas Geruch. War sie etwa hier? Ich schaute nach allen Seiten in der Erwartung, sie gleich auftauchen zu sehen.

«Geißblatt», sagte Mama, als sie stehenblieb, den Kopf zurücklegte und mit geschlossenen Augen tief einatmete. «An dem Tag, als du geboren wurdest, Tiny, war alles von diesem Duft erfüllt.»

«Geißblatt?» fragte ich. «Wo ist es denn?»

«Da.» Mama zeigte auf einen eingefallenen Zaun, der in einiger Entfernung zu sehen war. Er war bedeckt mit grünen Blättern und kleinen pfirsichfarbenen Blüten. «Es wächst überall hier oben wild und blüht im Mai.»

«Wunderschön», sagte ich atemlos. «O Mama, es ist alles so wunderschön. Wie konntest du nur von hier weggehen?»

Mama lachte und legte den Arm um mich.

«Für mich war's ein Gefängnis», sagte sie. «Schön war es schon, aber trotzdem ein Gefängnis. Ich dachte, Leben wäre etwas, das anderswo stattfindet, für jemand anderen.»

Wir machten zusammen ein paar Schritte. Und dann sahen wir sie, die grünste, wallendste, schönste Trauerweide auf der ganzen Welt. Wer nie eine Trauerweide gesehen hat, ist zu bedauern. Sie wächst wie ein Schirm, und ihre zarten, hängenden Äste sind über und über mit winzigen Blättern bedeckt, die hie und da über den Boden gleiten, wehend, streichelnd, tanzend.

«Erinnerst du dich, wie du unter diesem Baum gespielt hast?» fragte Mama.

«Nein, aber ich finde ihn wunderschön!»

«Das war schon früher so. Irgendwie tat es mir schrecklich leid, dich von hier wegzuholen.»

«O, hättest du's nur nie getan!»

Mama seufzte. «Ich hatte das Gefühl, das Leben ginge an mir vorbei.»

«Aber warum gerade Vern, Mama?»

«Nur um wegzukommen», gab Mama zu. «Verstehst du nicht? Ich hatte das Gefühl zu ersticken. Ich hätte jeden geheiratet, der mich weggeholt hätte.»

«War das Leben mit Vern denn besser?»

In Mamas Augen traten Tränen, und Mitleid schoß in mir hoch. Ich drückte sie ganz fest; dann standen wir einfach da, hielten uns umschlungen und weinten. Ich weinte, weil sie weinte, und ich wußte nicht genau, warum sie eigentlich weinte.

«O Tiny, ich war so jung und wußte nicht, was ich tun sollte.»

«Ich weiß, Mama.»

«Und ich wollte ein besseres Leben für uns beide. Vern schien ein Ausweg zu sein.»

«Ich weiß. Ich weiß.»

«Es sind zwölf Meilen von hier nach Black Gap», sagte Mama. «Und wir hatten kein Auto. Ich konnte nicht einkaufen oder ins Kino gehen, wenn ich wollte, oder andere junge Leute treffen. Ich konnte nicht mal in die Kirche gehen.»

Wir krochen unter die Trauerweide und setzten uns auf die

Erde. Es war eine kühle, geborgene, dunkle Welt, aus der man kaum heraussehen konnte, und niemand konnte hereinschauen. Ringsum ergossen sich die Zweige auf den Boden und strichen hie und da sanft darüber.

«Und Vern war gut zu mir, Tiny. War er zu dir nicht gut?»

Ich schwieg.

«Also, Tiny, du wirst doch jetzt nicht behaupten, daß Vern nicht gut zu dir war.»

«Na ja», sagte ich.

«Was heißt na ja?»

«Insgesamt war er schon gut zu mir.»

«Zu uns allen», sagte Mama. «Ich weiß nicht, wie wir ohne ihn überleben sollten.»

«Aber hast du Vern denn nie geliebt, Mama?»

Mama seufzte tief.

«Du hast recht, Tiny. Ich hab' ihn nie geliebt.»

Das schien mir das Allertraurigste zu sein, daß zwei Menschen so viele Jahre zusammenlebten und drei Kinder miteinander hatten und doch einer von ihnen im Innersten einsam war.

«Vern ist schon in Ordnung», sagte ich. «Wenn er nicht betrunken ist.»

Ich legte mich zurück auf die kühle Erde, sog den Duft des Geißblatts ein und schaute in die Baumkrone hinauf. Hier hatte Willa wohl ihren Namen bekommen. Wahrscheinlich hatte ich jeden Tag in meiner Kleinkindzeit die Worte «pretty willow – schöne Weide» gehört. – «Wie war denn mein Vater?» sagte ich rasch und hielt dann den Atem an. Ich hatte nie zu träumen gewagt, Mama einmal diese Frage stellen zu können.

«Er war noch ein Junge», sagte Mama leise. «Erst siebzehn.»

«Seh' ich ihm ähnlich?»

«Nein, du siehst aus wie ich, Tiny. Er hatte hellrote Locken und Sommersprossen und grüne Augen.»

«Rote Haare!»

«O ja, den rötesten, lockigsten Wuschelkopf, den ich je gesehen habe.»

«Hast du ihn sehr geliebt?»

«Ja, und ich lieb' ihn immer noch. Aber ich glaube, er ist im Krieg gefallen. Seine eigene Mutter hat nie mehr etwas von ihm gehört, und bei der Armee weiß man bis heute nicht, was mit ihm passiert ist.»

«Wie hieß er?»

«Ernest Bevins. Er war aus Shortt's Gap.»

Ernest Bevins! Und er hatte lockige rote Haare wie Willa. Sehr, sehr seltsam!

«Wollen wir ein paar Erdbeeren pflücken, Tiny?»

«Klar.»

Wir krochen unter dem Baum hervor, und ich folgte Mama ein Stück weit über den Gipfel hinter dem Holzhaus. Wir kamen zu einer Quelle. Glitzerndes, klares Wasser sprudelte aus dem Boden.

«Hier haben wir unser Wasser geholt», sagte Mama und kniete sich neben der Quelle nieder. Sie schöpfte Wasser mit den Händen und trank es.

«Ah ... es ist immer noch das beste Wasser auf der Welt.»

Ich trank etwas von dem Wasser, und es schmeckte wirklich gut – viel besser als das Wasser, das wir unten im Tal hatten. Unser Wasser war sehr eisenhaltig. Es schmeckte und roch schlecht und färbte das Waschbecken, die Badewanne und die Toilette rostrot. Man konnte diese Farbe um keinen Preis wegschrubben.

Hinter der Quelle lag ein riesiges Erdbeerfeld. Es zog sich noch ein gutes Stück den Hang hinab. Ich hatte noch nie so viele Erdbeeren gesehen, und sie waren leuchtend rot und reif.

«Mama», sagte ich. «Hier wachsen ja genug Erdbeeren, um das ganze Tal zu ernähren.»

«Ich weiß», sagte Mama. «Du kannst sie mit den Kleinen zusammen pflücken, wenn du willst, und sie verkaufen.»

«Gehören sie uns?»

«Natürlich gehören sie uns. Der ganze Berggipfel gehört jetzt uns.»

Ich ließ den Blick über das Geißblatt und das Holzhäuschen und die Weide und die wilden Blumen und die Erdbeeren gleiten.

«Ehrlich, Mama? Uns? Auch die Trauerweide?»

«Alles.» Mama lächelte und steckte sich eine Erdbeere in den Mund. Sie sah glücklich aus.

«Bist du nicht traurig wegen Großpapa?» sagte ich.

«Pah!» stieß Mama bitter hervor. «Dieser alte Mann hat mich gehaßt und unglücklich gemacht. Ich hab' alles versucht, um seine Liebe zu gewinnen, aber er hat keine in sich gehabt. Er hat geglaubt, alle Frauen wären böse und schwach und dumm, alle miteinander. Jetzt ist er tot, und wir leben!»

«Was machen wir denn mit all dem, Mama?»

«Ich weiß noch nicht. Ich werd' drüber nachdenken und mit Vern drüber sprechen.»

In weniger als zwanzig Minuten hatten wir unseren Eimer gefüllt, und Mama sagte: «Laß uns ins Haus gehen.»

Und so gingen wir in das kleine Holzhaus. Es hatte vier Zimmer, die alle mit Trödelkram und Staub und selbstgemachten Möbeln vollgestopft waren. Das erste war ein Wohnzimmer, von dem aus man direkt in die Küche gehen konnte. Und dann gab es noch zwei Schlafkammern. Mama betrat eine von ihnen, und ich folgte ihr. Es war kein häßliches Zimmer. Ein Himmelbett stand darin mit einer bunten Patchwork-Decke und eine Kommode mit einem Spiegel darüber.

«Hier drin haben wir beide drei Jahre lang jede Nacht zusammen geschlafen», sagte Mama. «Und wir waren beide kleine Kinder.»

Sie setzte sich auf das Bett, ich setzte mich neben sie, und wir schauten aus dem Fenster auf die Trauerweide, die gar nicht weit weg stand.

«Bei Vollmond», sagte Mama verträumt, «fielen die Schatten der Weide über unser Bett. Wir legten uns schlafen, während uns die Weidenzweige übers Gesicht strichen. Das war schön.»

Willa, Willa, on my pilla …

«Du bist in diesem Bett geboren», fuhr Mama fort. «Und du warst das hübscheste Baby, das ich je gesehen hab'.»

«Woher hast du meinen Namen, Mama?»

«Das war immer mein Geheimnis, Tiny, aber du hast ein Recht, es zu erfahren. Mein Vater hat mir nicht erlaubt, dich Ernestina zu nennen, wie ich es wegen Ernest wollte. Deshalb dachte ich an Tina, aber ich wußte, daß er das auch nicht erlauben würde, und so kam ich auf Tiny – eine Abwandlung von Tina. Ich wußte, daß er nie draufkommen würde, daß es etwas mit Ernests Namen zu tun hatte. So hab' ich ihm doch ein bißchen eins ausgewischt.»

«Ernestina? Das ist schön.»

«Gefällt dir Tiny nicht?»

«Schon, es ist auch ein hübscher Name. Er ist irgendwie anders. Es gibt Hunderte von Marys und Susies und Shirleys in der Schule, aber es gibt nur eine Tiny.»

Mama lachte. «Und es paßt zu dir», sagte sie. «Tiny heißt klein, und es hat etwas sehr Weibliches.»

Wir lachten beide.

Das Lachen klang schön, und es sah schön aus auf Mamas Gesicht.

Wir ließen den Eimer mit Erdbeeren auf der Veranda stehen und liefen wieder auf den Himmel zu.

Später erinnerte ich mich an diesen Tag nicht als an den Tag, an dem Großpapa starb, sondern als an den Tag, an dem Mama wieder zum Leben erwachte.

11

Es folgte eine seltsame Zeit für mich und unsere ganze Familie.

Großpapa wurde oben auf dem Ruby Mountain unter einem Hartriegelbaum begraben, neben seiner Frau und seinem Sohn, die 1940 an Scharlach gestorben waren.

Vern nahm mich und die Jungen in den folgenden beiden Wochen jeden Abend mit hinauf auf den Ruby Mountain zum Erdbeerenpflücken. Phyllis weigerte sich strikt mitzumachen, und mir war es zu peinlich, bei den Leuten an die Tür zu klopfen, um Erdbeeren zu verkaufen, und so trafen wir eine Abmachung. Ich pflückte, sie verkaufte, und wir teilten uns das Geld gerecht. Wir verdienten jeder 32 Dollar, und die Jungen noch mehr, und immer noch verfaulten eimerweise Erdbeeren auf dem Boden.

«Nächstes Jahr müssen wir das besser organisieren», sagte Mama. «Wir müssen uns Hilfe holen. Was um alles in der Welt hat mein Vater mit all diesen Erdbeeren gemacht?»

Mama hatte damals einen nie gekannten Anfall von Mütterlichkeit. Fast jeden Tag sprang sie aus dem Bett, machte das Frühstück, spülte das Geschirr und werkelte im Haus herum. Sie nähte Küchenvorhänge und Couchdeckchen und weckte Erdbeeren ein. Ich hatte so viele saubere Kleider, daß im Schrank kein Platz mehr für sie war, und wir entdeckten Fenster und Spiegel, von denen wir gar nicht gewußt hatten, daß es sie gab. Sie pflanzte Petunien draußen vor dem Haus in der Nähe von Horns Vorgarten und legte einen kleinen Gemüsegarten am Hang an.

Sehr früh an einem Samstagmorgen kam Tante Evie heraus und sah Mama dastehen und dem Sonnenaufgang am östlichen Himmel zusehen.

«Was ist denn los, Hazel?» rief Tante Evie. «Warst du eigentlich schon mal um diese Zeit wach und hast die Sonne aufgehen sehen?»

Früher wäre Mama darüber gekränkt gewesen, aber an diesem Tag lachte sie laut. Auch Tante Evie lachte. Dann arbeiteten die beiden den ganzen Morgen zusammen im Garten, und Mama bekam einen Sonnenbrand. War das wirklich meine Mama? Als ich eines Tages mit Rosemary und Bobby Lynn ins Kino ging und wir den Film *Die Körperfresser kommen* sahen, verstand ich endlich. Ja, dachte ich, das muß es gewesen sein: Fremde Wesen hatten sich des Körpers von Mama bemächtigt.

Mama brachte Vern sogar dazu, den Kamin zu Ende zu bauen. Er sah gut aus, abgesehen von dieser häßlichen alten Flinte, die darüberhing.

«Warum verkaufst du das Ding nicht Mr. Horn und Schluß damit?» sagte ich zu ihm.

«Verkaufen!» brüllte er. «Dieses Gewehr hat den Krieg mit meinem Urgroßvater Vernon Mullins überstanden, der erst sechzehn war und dort in Alexandria sein rechtes Bein verlor. Und das soll ich verkaufen?»

«Oh», sagte ich und hoffte, er würde den Mund halten. «So ist das.»

«Es ist ein historisches Stück. Alles was von ihm übrig ist. Das ist ja das Dumme an euch jungen Leuten von heute. Ihr wißt nichts zu schätzen.»

Und Vern streichelte die Flinte an der Wand.

Ich hielt den Mund. Sie war trotzdem häßlich.

Im Juni wurde der erste jährliche Black-Gap-High-School-Talentwettbewerb an einem Freitagabend im Auditorium abgehalten. Rosemary hatte mich und Bobby Lynn gedrängt teilzunehmen, aber uns beiden schlotterten die Knie. Wir gingen alle drei zum Talentwettbewerb und applaudierten Paul Hurley, einem älteren Schüler, der sich eine Gitarre nahm und *Der Schrei der Wildgans* sang. Und ich dachte die ganze Zeit: «Ich könnte es besser als er.»

Eine Woche darauf war Pauls Photo in der Black-Gap-Zeitung mit einer langen Liste von Preisen, die ihm Kaufleute aus der

Gegend gespendet hatten. Ich schaute das Bild stundenlang an und las die Liste der Preise wieder und wieder und träumte dabei, ich wäre es selbst.

Als die Schule aus war, schlief Mama immer noch, und wir schlichen auf Zehenspitzen ums Haus und hielten den Finger auf den Mund, um uns gegenseitig zum Stillsein zu ermahnen. Wenn sie nämlich ihren Putzfimmel bekam, kommandierte sie uns zum Helfen ab. Es war schon lustig: Die ganzen Jahre hatten wir uns gewünscht, Mama würde aufstehen und etwas tun. Jetzt wünschten wir uns, sie solle bloß im Bett bleiben.

An einem Tag rief Vern, nachdem er von der Arbeit zurückgekommen war, mich aus meinem Zimmer in die Küche, wo er und Mama vor einem Stoß Papiere am Tisch saßen. Ich setzte mich dazu.

Sie starrten mich so komisch an, daß ich irritiert an mir heruntersah, ob meine Bluse vielleicht nicht zugeknöpft war.

«Was is'n los?» sagte ich.

«Nichts», sagten sie wie aus einem Mund und sahen erst einander und dann die Papiere an.

Also, irgendwas war im Busch.

«Was ist das für Zeug?» fragte ich.

«Es ist das Testament von deinem Großpapa», sagte Mama. «Wir wußten bis heute nicht, daß er eins gemacht hatte. Sein Rechtsanwalt hat es uns gebracht.»

«Oh.»

Vern räusperte sich geräuschvoll, aber es war Mama, die wieder das Wort ergriff.

«Erinnerst du dich an den Tag, wo ich dir sagte, daß uns ganz Ruby Mountain gehört?»

«Klar erinnere ich mich dran.»

«Na ja, das war falsch. Es gehört gar nicht uns. Es gehört dir.»

«Mir? Was soll denn das heißen?»

«Er hat alles dir vermacht», sagte Mama. «Sechzehneinhalb Morgen, aber du kriegst es erst, wenn du achtzehn bist.»

«Dir gehört also ein ganzer Berggipfel», sagte Vern.

Ich war überwältigt.

Mama lachte.

«Warum denn ich?» fragte ich. «Er hat mich doch nicht mal gekannt.»

«Er muß dich irgendwo gesehen haben. Er hat seinem Rechtsanwalt gesagt, du siehst aus wie eine Lambert und du redest wie eine Lambert, und er wollte nicht, daß irgendein Mullins sein Land kriegt.»

«So steht's hier im Testament», verkündete Vern. «‹Meine Enkelin, Tiny Lambert, ist meine einzige Erberin.›»

«Seine was?»

«Seine einzige ... Erbin.»

«Oh.»

Ich hätte beinahe gelacht, aber ich erstickte das Lachen mit einem Husten. Vern drückte sich manchmal zu komisch aus.

Na gut, ich war also Erbin.

Ich atmete tief ein.

«Mann o Mann», sagte ich, denn etwas anderes fiel mir nicht ein.

Daß ich Ruby Mountain geerbt hatte, bedeutete im Augenblick für mich nur das eine: Die Trauerweide gehörte mir.

Ein paar Tage später kam Mr. Horn vorbei und bot Vern hundert Dollar für sein häßliches Gewehr an.

«Nichts zu machen.» Vern lachte. «Wir sind jetzt Landbesitzer. Die Flinte verkaufe ich nicht für noch so viel Geld.»

Mama hätte beinahe einen Anfall gekriegt, als sie das hörte. Ich hab' sie nie so scharf mit Vern reden hören wie an diesem Tag.

«Weißt du eigentlich, was wir mit hundert Dollar alles machen könnten?» schrie sie ihn an.

Sie redeten tagelang nicht miteinander. Mama veränderte sich, das war klar, und das war für niemanden angenehm. Manchmal ging ich rüber und erzählte Nessie davon, und manchmal ging ich hinauf und besuchte Tante Evie, aber meistens blieb ich in meinem Zimmer und ging Mama und Vern aus dem Weg.

Als ich einmal eine Kommodenschublade aufräumte, entdeckte ich ein altes Valentinsbriefchen, das ich einmal in der dritten Klasse bekommen hatte. Es war ein großes rotes Herz, auf dem die Worte standen: LIEBST DU MICH? Und dann waren da zwei Kästchen, auf dem einen stand JA und auf dem anderen NEIN. Ich hätte eines der Kästchen ankreuzen und das Brieflein an den Absender zurückschicken sollen. Dummerweise war es nicht unterschrieben, und ich fand nie heraus, wer es mir geschickt hatte. Aber es brachte mich auf eine Idee: Ich könnte einen anonymen Liebesbrief an Mr. Gillespie schreiben! Ich könnte alles sagen was ich wollte, ohne daß er je herausbekam, wer ich war. Trotzdem wäre es eine Art Verbindung zwischen uns. Unsere Geister würden sich berühren.

Ich war so aufgeregt, daß ich einige Stunden damit zubrachte, den vollkommenen Brief zu schreiben und zu verbessern:

Mr. Gillespie, Orchesterleiter
Black Gap, Va.

Lieber Mr. Gillespie,

ich liebe Sie schon seit langer Zeit, und ich bin sehr traurig, daß unsere Liebe nie die Chance hatte, zu blühen und zu gedeihen, und wenn Sie mich kennen würden, würden Sie mich auch lieben, und ich will Ihnen was über mich sagen. Ich bin sehr groß, und ich habe sehr lange, silbrige, lockige Haare und blaue Augen. Manche Leute sagen, ich wäre sehr hübsch. Ich weiß es nicht. Ich denke jeden Abend an Sie, bevor ich schlafen gehe. Werden Sie auch an mich denken?

Ernestina

Ich fand es schlau von mir, den Brief mit Ernestina zu unterschreiben. Ich versteckte ihn in meinem Klarinettenkasten, bis ich Gelegenheit haben würde, in den Laden der Minengesellschaft zu gehen, eine Briefmarke zu kaufen und den Brief abzuschicken.

Eine Woche später begannen wir mit den sommerlichen Orchesterproben im Freien, und ich konnte ihn wieder sehen. Er schaute mich an wie immer – so, als wäre ich niemand Besonderes. Einerseits war ich erleichtert, aber andererseits auch enttäuscht. Er sah prima aus in seinen Bermuda-Shorts.

Als wir den Marsch spielten, schämte ich mich, daß ich seit dem Ende des Schuljahres meine Klarinette nicht mehr in die Hand genommen hatte. Rosemary war zur zweiten Klarinette aufgestiegen, während Bobby Lynn und ich die dritte blieben. Ich schwor mir, wieder jeden Tag zu üben.

Als die Schule anfing, hatte ich immer noch 30 Dollar, und dieses Jahr wollte ich unbedingt die richtigen Kleider tragen. Ich ging zu Rosemary, um mir Rat zu holen.

«Was meinst du, was ich mir für die Schule kaufen soll?» fragte ich sie.

«Schwarz», sagte sie. «Das ist die Farbe dieses Jahres. Ein schwarzes Pudel-Hemd, eine enge Hose und flache schwarze Schuhe mit nahtlosen Strümpfen.»

«Nahtlose Strümpfe?» Bei mir hatten Strümpfe partout immer Laufmaschen, ich kaufte aber trotzdem zwei Paar und dazu ein Paar flache schwarze Schuhe aus imitiertem Wildleder, ein schwarzes Hemd mit einem rosa Pudel drauf, dessen goldene Kette bis zur Taille reichte, und ein Paar schwarze enge Hosen.

Am ersten Tag in der zehnten Klasse sah ich aus wie alle anderen Mädchen in der Black-Gap-High-School, und wieder einmal hatte ich das Gefühl, daß mein Leben eine entschiedene Wendung zum Besseren genommen habe.

Und eines Tages, als ich von einem Parademarsch des Orchesters zurückkam, erwartete mich im Wohnzimmer eine Überraschung: ein Fernsehapparat! Mama und alle anderen waren schon ganz hypnotisiert, und so setzte ich mich zu ihnen, um mir auch *Der einsame Förster* anzusehen. Bis Sendeschluß um elf Uhr nachts blieben wir alle wie gebannt sitzen, wenn wir nicht einmal kurz in die Küche gingen, um Essen zu holen oder im Klo verschwanden. Wir schauten uns *Ted Mack's Original-Amateur-Stunde, Meine kleine Margie* und *Ihre Hitparade* an. Es war phantastisch.

Am nächsten Morgen stand ich ganz früh auf und ging auf Zehenspitzen die Treppe hinunter, um den Fernsehapparat einzuschalten, sobald das Programm begann. Aber zu meiner großen Überraschung saßen Mama und Vern und die Jungen schon im Wohnzimmer, aßen Corn-flakes und schauten sich das Testbild an.

Ungefähr zu der Zeit kam Phyllis, die jetzt acht Jahre alt war, in eine so schlimme Phase, wie sie noch nie dagewesen war. Sie quiekte wie ein Ferkel, wenn ich versuchte, fernzusehen oder zu telefonieren. Sie fragte mich die ganze Zeit die dümmsten Sachen und verfolgte mich auf Schritt und Tritt. Sie drängelte sich neben mich auf die Couch und wärmte ihre kalten, schmutzigen Füße an mir, und sie weigerte sich, Socken zu tragen. Ich gewöhnte mir an, sie so fest zu zwicken wie ich konnte, als sie damit anfing. Dann begann sie zu kreischen, und Mama schrie mich an. Ich konnte dieses Kind einfach nicht ausstehen. Manchmal redete ich tagelang nicht mit ihr, aber das machte alles nur noch schlimmer. Mein Trost kam von Tante Evie, die mir versicherte, daß der Herr uns nicht mehr auferlegt, als wir tragen können. Das war gut zu wissen. Aber ich fragte mich, ob der Herr die Lage diesmal nicht etwas falsch eingeschätzt hatte.

12

Als Dolly Horn heiratete und nach Princeton, Westvirginia, zog, war ich die einzige, die sich überhaupt um Nessie kümmerte. Die Horns fütterten sie nicht einmal regelmäßig, und sie saß hinter dem Zaun und sah die ganze Zeit zu mir herüber. Sie liebte mich wirklich, und ich liebte sie mehr und mehr.

Ich ging oft hinüber, um mit ihr durch den Zaun zu sprechen. Sie winselte und kam, so nahe sie konnte. Ich schaute immer nach, ob sie frisches Wasser hatte, und meistens war keines da. So gab ich ihr Wasser und alles Essen, das ich für sie aus dem Haus schmuggeln konnte. Mama und Vern regten sich auf, wenn sie sahen, daß ich sie fütterte.

Einmal sprach ich nach der Schule mit Tante Evie über Nessie. Wir saßen an ihrem Küchentisch, spielten «Alte Jungfer» und aßen Kürbistörtchen.

«Ich bin die einzige, die sich um sie kümmert», sagte ich. «Und ich hätte sie so gern. Es sieht doch tatsächlich so aus, als würde ich nie irgendwas kriegen, was ich wirklich will. Ich hab' mir immer einen Collie gewünscht, und da sitzt Nessie die ganze Zeit und schmachtet, und ich darf sie doch nicht haben. Und dann die Jungen. Ich möchte einen richtigen Freund, einen, der richtig nett und beliebt ist, aber kein einziger schaut mich an.»

«Laß ihnen Zeit, Tiny.» Tante Evie tätschelte mir die Hand. «Du kriegst jetzt langsam Formen. Eines Tages schaust du in den Spiegel und siehst eine hübsche Frau.»

«Klar!»

Und im nächsten Augenblick hatte ich die Karte mit der alten Jungfer in der Hand.

«Siehst du!» rief ich. «Eine häßliche alte Jungfer.»

Tante Evie lachte.

«Sag so was nicht!» sagte sie. «Erinnerst du dich, was ich dir über die netten Dinge gesagt habe, die man von sich selber denken soll?»

«Es funktioniert nicht, Tante Evie.»

«Klar funktioniert's!»

Tante Evie mischte die Karten und gab eine neue Runde aus.

«Sag mal, Tiny, hast du Ralph Horn schon wegen Nessie gefragt?»

«Was gefragt?»

«Ob du sie haben kannst. Ich hab' mit meinen eigenen Ohren gehört, wie er sagte, daß er den Hund gern los wäre, jetzt, wo Dolly weg ist.»

«Das hat er gesagt?»

«Aber ja, und ich mach' dir einen Vorschlag, Fräulein Schmollmäulchen. Du fragst Ralph Horn, ob er dir Nessie überläßt, und ich übernehm's, mit Vern zu sprechen.»

«Wirklich? Aber was willst du sagen? Er wird dir gar nicht zuhören. Es hat keinen Sinn. Was willst du denn sagen?»

«Jetzt hör dir mal selbst zu.» Tante Evie schüttelte den Kopf. «Mach dir keine Gedanken drüber, was ich zu Vern sag'. Aber was willst du zu Ralph sagen?»

«Ich werde so nett und freundlich sein, wie ich nur kann.»

«Gut», sagte Tante Evie. «Mein Ward sagte immer, Zucker zieht mehr Fliegen an als Essig. Das ist 'ne goldne Wahrheit.»

Und dann blieb Tante Evie auf der Alte-Jungfer-Karte sitzen. Wir lachten.

«Da haben wir's!» sagte sie. «Ich bin ja wirklich die olle Jungfer.»

Ich teilte aus, und wir spielten ein paar Minuten lang ernsthaft und schweigend.

«Wie ist das mit ‹Und dann lebten sie glücklich bis an ihr Ende›, Tante Evie?» fragte ich schließlich. «Gibt's so was?»

«Ja, Tiny. Ich hab's selber nie erlebt, aber ich weiß, es gibt so was. Wenn ich meinen Ward geheiratet hätt' ...»

Als ich nach Hause kam und in die Küche ging, saß Vern in der Unterwäsche am Tisch. Vor ihm stand eine Flasche Whisky, und er hielt ein halbvolles Glas in der Hand.

Ich ging zum Kühlschrank und goß mir Milch in ein Glas. Dann stand ich da und schaute aus dem Fenster über dem Spülbecken, ohne einen Gedanken an Vern Mullins zu verschwenden.

«Was is'n los?» sagte er, und ich merkte an der Art, wie er nuschelte, daß er ziemlich angetrunken war. «Hast du noch nie 'nen Mann in der Unterhose gesehen?»

Mindestens schon fünftausendmal, dachte ich, aber ich sah, daß er nicht in der Stimmung war, eine freche Antwort zu schlucken. Ich drehte mich um und schaute ihn an.

«Klar hab' ich das.»

«Wann?»

Ich zuckte die Schultern. «Wahnsinnig oft.»

«Wen denn?»

«Na, dich. Wen denn sonst?»

Vern lachte. Ich zwang mich, ihn anzulächeln und stellte mein Glas in das Spülbecken. Dann wollte ich an ihm vorbei ins Wohnzimmer gehen. Da packte er mich fest um die Taille und zog mich auf seinen Schoß. Ich wehrte mich, aber er ließ nicht locker.

«Laß mich los, Vern!»

«Jetzt bleib mal 'ne Minute sitzen und red' mit deinem Daddy! Ich seh dich ja kaum mehr.»

Ich dachte: *Du bist nicht mein Daddy, und ich bin froh, daß du's nicht bist!* Aber ich sagte es nicht. Ich saß still da, aber ich war furchtbar angespannt. Sein Atem roch scheußlich.

«Wie ist es in der High School?» fragte er.

Wie blöd, so was zu fragen, dachte ich.

«Schön», sagte ich.

Er begann, mit der rechten Hand über meine Hüfte zu streichen, während er mich mit der linken festhielt.

«Vern, laß mich los!» sagte ich.

«Du sollst stillhalten, wie ich's dir gesagt hab'!»

Er ließ einen riesigen Rülpser los. Dann steckte er seine Hand unter mein Kleid, und ich machte eine heftige Bewegung und riß mich los. Er begann zu lachen, aber es klang eher wie Schnauben, und das machte mich so wütend, daß ich rot sah. Ich ging ins Wohnzimmer, wo Mama saß und etwas in ein Buch schrieb. Sie machte eine Liste von all den Dingen, die sie in der Fernsehwerbung gesehen hatte und die sie bei A & P kaufen wollte.

«Das Tiefenwunder», brabbelte der Fernseher aus der Ecke wie ein verrückter Verwandter. «Die Reinigungsmilch, die Ihre Haut bis in die Tiefe reinigt, wo die Schönheit beginnt.»

«Warum bleibst du bloß bei ihm?» zischte ich und ließ mich neben Mama auf die Couch fallen.

«Was soll denn das heißen?» schnauzte sie zurück.

«Ich hasse ihn!»

«Wen denn?»

«Diesen nichtsnutzigen Mann, den du geheiratet hast! Ich hasse ...»

Aber ich konnte den Satz nicht beenden. Mama fuhr auf mich los wie eine Verrückte. Zuerst gab sie mir eine Ohrfeige, dann packte sie mich bei den Schultern und schüttelte mich, bis ich Sternchen sah.

«Daß du so was nie mehr zu mir sagst!» schrie sie mich an. «Wo Vern so gut zu dir war! Du solltest auf die Knie gehen und Gott für deinen Stiefvater danken!»

Sie keuchte und war ganz rot im Gesicht. Es klingelte in meinen Ohren. Wir starrten uns eine Minute lang an, dann drehte ich mich um und rannte die Stufen hinauf. Mein Kopf drehte sich und war ganz wirr. Ich wußte nicht, ob ich weinen oder wütend sein sollte. Das schlimmste war, vielleicht hatte Mama recht, und es stimmte etwas nicht mit mir, weil ich nicht zu schätzen wußte, was Vern alles für uns tat. Ich ging in mein Zimmer, wo Phyllis mit Papierpuppen spielte. Mußte immer irgendwo einer sein? Gab es keinen Platz, an dem ich allein sein konnte?

«Was is'n los?» fragte Phyllis.

Ich ließ mich aufs Bett fallen.

«Raus!» schrie ich sie an.

«Bitte, wirf mich doch raus!» schrie sie zurück.

Aber ich konnte sie nicht rauswerfen. Ich konnte überhaupt nichts tun. Ich war völlig hilflos. Ich brach in Tränen aus.

13

Am nächsten Morgen, als ich zum Frühstück hinunterkam, sah Mama im Fernsehen Dave Garroway. Ich ging in die Küche, schüttete mir selbst Corn-flakes in eine Schüssel, und dann kam sie und setzte sich mit einer Tasse Kaffee zu mir an den Tisch.

«Ich glaub', ich hätte dir keine Ohrfeige geben sollen», sagte sie. «Was hat Vern dir getan?»

«Nix.»

«Warum warst du so daneben?»

«Er war betrunken.»

«Na und? Betrunken ist er doch oft. Was ist daran Besonderes?»

Ich zuckte wieder die Schultern. Es hatte ja doch keinen Sinn.

«Ich wüßte nicht, was ich ohne ihn tun sollte», sagte sie mit bebender Stimme.

Ich sah sie an und entdeckte Tränen in ihren Augen.

«Wie sollte ich sonst dich und die Kleinen ernähren? Hast du dir das mal überlegt? Das ist Verns Haus. Wo sollten wir denn hin?»

Sie war voller Angst.

«Ich weiß nicht, Mama, aber's klingt so, als hättest du schon mal drüber nachgedacht.»

«Der Gedanke ist mir durch den Kopf gegangen, Tiny, aber dann ist er wieder verschwunden. Wie soll ich Geld verdienen und zugleich vier Kinder großziehen? Ich hab' keine Ausbildung. Was soll ich denn machen?»

Ich nehme an, daß das stimmte. Wir hatten weiß Gott wenig genug, obwohl Vern Geld aus den Minen heimbrachte. Und wenn Mama ihn verließ, würden wir nie mehr einen Pfennig von ihm bekommen.

«Mach dir keine Sorgen mehr deswegen. Ich werd' ihm halt aus dem Weg gehen.»

«Hat er dich gezwickt oder was?»

«Jaja, er hat mich gezwickt.»

«Ich werd' ihm sagen, daß er dich nicht mehr wie ein Kind behandeln soll. Er vergißt, daß du erwachsen wirst.»

Das war zum Lachen, aber mir war nicht zum Lachen zumute.

Mama wechselte schnell das Thema.

«Du erinnerst mich sehr an diese Betty Anderson aus *Vater ist der Beste,* Tiny, bloß daß du nicht so groß bist. Warum bindest du dir die Haare nicht zu einem Pferdeschwanz?»

Ich hatte mir das auch schon überlegt.

«Vielleicht mach ich's. Sie müssen noch ein bißchen wachsen.»

«Stimmt», meinte sie.

Danach sprachen wir lange nicht mehr über Vern. Ich beschloß, ihm einfach aus dem Weg zu gehen, damit ich Mama keine Sorgen machen mußte. Er war *mein* Problem.

Einige Tage später fragte Tante Evie Vern wegen Nessie, aber es war, als redete sie gegen eine Wand. Und Mr. Horn ließ mich nicht einmal ausreden. So war das also mit dem Zucker, der besser ist als Essig.

Ich schickte Mr. Gillespie eine Weihnachtskarte und malte ringsrum Sternchen und unterschrieb sie mit *Ernestina.* Dann küßte ich sie, bevor ich sie in den Briefkasten warf. Das war eine Woche vor Weihnachten.

Am Abend vor Weihnachten stellte mich Beau in der Küche und wollte mich nicht eher gehen lassen, als bis ich versprach, laut mit ihm Dickens' *A Christmas Carol* zu lesen. Er war nun einmal kultiviert, dieser Beau. Also setzte ich mich mit ernstem Gesicht mit ihm an den Küchentisch, der voll war von schmutzigen Tellern.

«Ich trage die Ketten, die ich selbst im Leben geschmiedet habe», sagte Beau mit unheimlich geisterhaftem Beben in der Stimme. Manchmal war er wirklich ein guter Schauspieler, und in der Küche war es totenstill, bis auf sein rauhes Flüstern in der Rolle als Marleys Geist. Dann hörte man ein plötzliches Rütteln an der Küchentür, und ich machte beinahe einen Satz in die Luft.

«Was war denn das?» flüsterte ich.

«Nur ein Stück unverdautes Rindfleisch», sagte Beaus Scrooge-Stimme, «oder ein bißchen Senf.»

«Nein, Beau, es ist bestimmt jemand an der Tür.»

«Niemand ist an der Tür, Tiny.»

Man hörte ein lautes Bellen vor der Tür.

«Nessie!» Ich raste hinaus, und da stand sie, keuchte, ließ den Schwanz durch die Luft fahren wie einen Staubwedel und sprang an mir hoch. Ich legte die Arme um sie.

«Oh, Nessie!»

Wie schön war es, sie im Arm zu halten. Sie kam mit mir ins Haus.

«Auweia!» sagte Beau. «Laß das nur nicht Daddy sehen.»

«Sie ist kein *Das*.»

Ich streichelte sie zärtlich, und sie schmiegte sich an mich.

Phyllis kam aus dem Wohnzimmer herüber. «Lassie!» lachte sie und umarmte Nessie. «Ist sie nicht süß?»

«Psst ...», sagte ich. «Sie heißt Nessie, nicht Lassie. Wo ist Vern?»

«Er schaut *Heiße Pistolen* mit Mama an. Verstecken wir sie doch oben.»

«Wir müssen erst dieses Kapitel zu Ende lesen», sagte Beau gereizt.

Aber Nessie forderte meine ganze Aufmerksamkeit. Ich gab ihr ein Stück Wurst. Da klopfte jemand an die Tür.

«Wo is' mein Hund?» war eine gedämpfte Stimme zu hören. «Is' mein Hund da drin?»

Es war natürlich Mr. Horn. Nessie winselte und schlich sich in eine Ecke.

Ich ließ Mr. Horn herein.

«Hallo Mr. Horn», sagte Beau. «Wie geht's denn? Haben Sie was verloren?»

«Frag nicht so blöd. Wo is' mein Hund?»

Dann fiel sein Blick auf die arme Nessie. Mit zwei großen Schritten war er bei ihr und riß an ihrem Halsband.

«Willst du wohl kommen, du Luder!»

Nessie jaulte auf, und ich fuhr zusammen.

«Tun Sie ihr doch nicht weh!» sagte Phyllis und legte ihre Arme um Nessie, was mich total überraschte. Ich hätte nie gedacht, daß Phyllis irgend jemand außer sich selbst lieben konnte.

«Weg da!» brüllte Mr. Horn.

Er wollte Nessie zur Tür zerren, und sie winselte.

Vern kam aus dem Wohnzimmer herüber, um nachzusehen, was los war.

«Was soll denn das?» sagte er.

«Vernon Mullins, ich bin hier, um meinen Hund zu holen», sagte Mr. Horn.

«Na, holen Sie doch Ihren verdammten Hund, dann sind wir ihn wieder los!» sagte Vern.

«Sie ist zu mir gekommen!» überschrie ich die anderen. Ich war verzweifelt. «Niemand kümmert sich um sie außer mir. Wieso wollt ihr das alle nicht sehen? Wieso kann ich sie nicht haben?»

Ungefähr fünf Sekunden lang herrschte Schweigen in der Küche, und alle Augen wandten sich mir zu. Dann warfen sich die beiden Männer einen Blick zu, und Mr. Horn führte Nessie aus der Tür. Ich rannte aus der Küche und wollte in mein Zimmer hinauf.

«Ich trage die Ketten, die ich mir selbst geschmiedet habe!» schrie Beau und warf mir das Buch nach.

Am nächsten Tag fiel ein eisiger Regen, der sich in Graupel verwandelte. Die Kinder freuten sich auf Weihnachten und hofften, die Graupel würden zu Schnee werden. Aber ich konnte mir Nessie nicht aus dem Kopf schlagen, so sehr ich's auch versuchte. Ich sah sie dort zitternd in der Kälte stehen und zu unserem Haus herüberschauen. Es war ein Anblick zum Erbarmen.

Dann entwischte sie wieder einmal durch das Tor, und Mr. Horn holte sie zurück und band sie am Zaun fest. Das brach mir das Herz. Von der Stelle, an der sie angebunden war, konnte sie nicht mal zu ihrem Haus. Sie stand da im Schneeregen und wartete darauf, daß ich sie rettete. Wie sollte ich das ertragen?

Beau, Luther und Phyllis gingen früh ins Bett, weil es der Vorabend von Weihnachten war. Ich blieb mit Mama und Vern auf, um fernzusehen, aber ich könnte nicht sagen, was ich überhaupt gesehen habe. Das Bild der armen Nessie, die zitternd im Regen wartete, stand mir wie ein Mahnmal vor Augen. Als ich hinaufging, um mich zu Phyllis zu legen, schaute ich voller Angst im Herzen aus dem Fenster.

Da war sie. Ich hatte das Gefühl, ich wäre selber draußen im Nassen und Kalten und hielte nach jemand Ausschau, der mich liebt. Sie konnte sich auf dem aufgeweichten Boden nicht niederlegen, und sie konnte nicht zu ihrem Haus. Sie ließ den Kopf hängen, aber sie schaute in unsere Richtung.

Ich kroch zu Phyllis ins Bett.

«Bitte, lieber Gott, hilf Nessie!» flüsterte ich im Dunkeln. «Hilf mir, daß ich Nessie helfen kann!»

«Klau sie!» antwortete eine Stimme.

Es riß mich hoch, aber es war natürlich Phyllis.

«Um Himmels willen, warum bist du denn wach, Phyllis? Dann kann der Weihnachtsmann ja nicht kommen.»

«Wie kann ich denn schlafen, wenn Nessie da draußen steht?» sagte sie.

Da mochte ich sie einen Moment lang richtig.

«Sie wird's schon aushalten, Phyllis. Wir dürfen nicht mehr an sie denken.»

«Ich hab's versucht, aber ich kann nicht aufhören. Die Horns sind so bös zu ihr.»

Ich schlich auf Zehenspitzen noch einmal zum Fenster und schaute hinaus. Ich konnte die traurige Gestalt, die mit gesenktem Kopf da draußen in der Kälte stand, kaum erkennen. Phyllis trat neben mich.

«Klaun wir sie doch, Tiny», sagte sie noch einmal.

«Wozu denn? Mr. Horn würde bloß wieder rüberkommen und sie holen, und wir hätten den Ärger.»

«Er schläft jetzt. Und Nessie hätt' es wenigstens an Weihnachten warm und gemütlich.»

Ich sah, daß Phyllis' Augen vor Aufregung glitzerten. Ja, dachte ich, jetzt schlafen bestimmt alle. Wir könnten Nessie hier herauf in unser Zimmer bringen und sie abtrocknen, ihr was zu essen geben und sie streicheln. Ich schaute wieder aus dem Fenster. Aus dem Graupel wurde richtiger Schnee. Ich war entschlossen.

«Gut, versuchen wir's.»

Plötzlich schien das ganze Zimmer unter Spannung zu stehen.

«Wir müssen es schaffen, ohne Licht anzumachen. Erst die Sokken und Schuhe und Mäntel und Schals», flüsterte ich.

Schweigend zwängten wir uns im Dunkeln über unsere Schlafanzüge in die warmen Sachen.

Ich setzte mich auf den Bettrand, und sie setzte sich neben mich. «Wir müssen ganz ganz leise sein. Wenn uns jemand hört, ist alles aus.»

«Ich weiß.»

«Du bleibst hinter mir, wenn ich rausgehe. Wenn wir zurückkommen, hältst du mir und Nessie das Gartentor und die Haustür auf.»

«Gut.»

Ich holte tief Luft und öffnete die Tür. Es war stockdunkel und ruhig. Wir schlichen auf Zehenspitzen die Treppe hinunter. Phyllis hielt sich an meinem Mantel fest, und ich hörte ihren aufgeregten Atem. An der Haustür mußten wir besonders vorsichtig sein, weil sie manchmal laut quietschte. Aber es gelang uns hinauszuschlüpfen, ohne Lärm zu machen. Dann stiegen wir die hohen Stufen hinunter, und Phyllis klammerte sich die ganze Zeit schweigend an mich.

Als wir im Freien standen, merkten wir, wie kalt es war. Große, eisige Schneeflocken fielen herab. Wir gingen rasch zum Gartentor der Horns. Da sah Nessie uns kommen und begann am ganzen Körper zu zittern. Sie freute sich! Ich hatte Angst, daß sie bellen würde, aber sie tat es nicht, die Gute. Sie sprang nur wie wild herum. Wir zwängten uns durch das Gitter und gingen zu ihr hinüber. Meine Hände waren zu kalt, um den Schließhaken zu finden, und ich fingerte an ihrer Kette herum. Dann merkte ich zu meinem Entsetzen, daß die Kette so fest um ihren Hals lag, daß ich nicht mal einen Finger drunterbrachte. Tränen traten mir in die Augen.

«Ganz ruhig», sagte ich leise zu ihr und streichelte ihren kalten, nassen Körper. «Wir helfen dir schon.»

Phyllis hielt sie fest, während ich mich mit der Kette mühte. Schließlich fand ich den Haken und machte ihn auf. Sie war frei. Wir mußten nicht nachhelfen, sie kam von allein mit. Wir gingen schweigend wieder zu unserem Haus zurück, und sie folgte uns glücklich.

Wir waren inzwischen ganz bedeckt von Schnee, den uns der Wind eisig ins Gesicht trieb. Wir gingen schweigend die breite Treppe hinauf und öffneten ganz leise die Eingangstür. Dann blieben wir stehen und lauschten. Das einzige, was wir hörten, war Verns Schnarchen, und das erleichterte uns sehr. Zusammen führten wir Nessie in das dunkle Haus und die Treppe hinauf. Es ging alles gut. Endlich waren wir in unserem Zimmer und schlossen die Tür fest hinter uns.

«Wir haben's geschafft!» flüsterte Phyllis aufgeregt.

«So weit, so gut», sagte ich. «Aber ich weiß, daß sie Hunger und Durst hat. Ich muß was für sie suchen.»

Wir rissen uns die nassen Kleider vom Leib, und Nessie ließ sich auf einen Teppich neben unserem Bett fallen. Sie seufzte tief und legte den Kopf auf die Pfoten. Phyllis deckte sie mit einem Bettüberwurf zu.

Ich ging in die Küche hinunter und füllte eine leere Dose halb mit Wasser, in das ich etwas übriggebliebenes Schweinefleisch mit Kohl und zerkrümeltem Brot tat. Als ich die Dose hinaufbrachte, rubbelte Phyllis Nessie gerade mit einem alten Flanellhemd ab.

«Sie ist naß bis auf die Knochen», sagte sie.

Ich stellte das Futter vor Nessie hin, und sie schlabberte es auf.

«Lang können wir sie nicht verstecken», sagte ich.

Wir wickelten uns in Decken und setzten uns rechts und links von ihr auf den Boden.

«Ich werd' Daddy bitten, daß ich sie behalten darf», sagte Phyllis.

Ja, das war eine Idee: Phyllis. Ihr zuliebe tat Vern doch so gut wie alles.

«Am besten gehen wir jetzt ins Bett, Phyllis», sagte ich. «Sonst kommt der Weihnachtsmann nie.»

«Also diesen Unsinn glaube ich nicht mehr, Tiny.»

«Nicht? Wieso denn?»

«Kindereien.»

Eine Weile hingen wir schweigend unseren Gedanken nach. Ich merkte, daß ich Phyllis bisher nie als richtigen Menschen angesehen hatte. Sie war für mich nur ein nervendes, schreiendes kleines Ding, mit dem ich's aushalten mußte. Aber vielleicht steckte darin doch eine richtige Persönlichkeit.

Nessie schlief friedlich.

Schließlich krochen wir wieder ins Bett, Phyllis und ich. Es mochte ungefähr zwei Uhr sein. Phyllis kuschelte sich an mich und wärmte ihre schmutzigen Füße an mir, aber es machte mir nicht viel aus. Es war sehr kalt, und wir schliefen ganz eng aneinandergeschmiegt ein.

14

Irgendwann in der Nacht kroch Nessie in unser Bett und lehnte sich an meinen Rücken, so daß ich zwischen ihr und Phyllis lag wie eine Wurst in der Semmel. Wir schliefen tief und hörten gar nicht, wie sich überall im Haus weihnachtliche Geschäftigkeit regte. Dann wurde unsere Tür aufgerissen, und Beau schrie: «Los kommt, ihr Schlafmützen, es ist Weihnachten – heiliger Hot Dog!» Ich merkte, wie Nessies Kopf in die Höhe fuhr und ihr Schwanz hin- und herzuschlagen begann. Das ganze Bett wackelte.

«Mach die Tür zu!» sagte Phyllis.

Beau kam herein und schloß die Tür.

«Das gibt bestimmt Ärger!» sagte er und grinste boshaft.

«Wenn du den Mund aufmachst, dann bekommst du's mit mir zu tun», sagte Phyllis.

Beaus Grinsen verschwand.

«Wie wollt ihr denn dieses Kalb versteckt halten?» sagte er.

Nessie schlüpfte aus dem Bett und ging zu ihm hinüber. Er begann sie zu tätscheln.

«So übel ist sie gar nicht», sagte er.

Dann wurde die Tür wieder aufgerissen, und Vern stapfte herein.

«Kommt runter und schaut, was der Weihnachtsmann euch gebracht hat!» schrie er mit festlich dröhnender Stimme. Er hatte ein Glas Whisky in der Hand. «Was zum Teufel ...?»

Nessie, die es nicht besser wußte, baute sich vor Vern auf und wedelte mit dem Schwanz.

Wir schwiegen. Auf Verns Zügen malte sich Verblüffung. Jetzt waren wir dran.

«Daddy, wenn du Nessie zu Mr. Horn zurückbringst, sterb' ich!» verkündete Phyllis.

Vern schaute sie an.

«Ich sterb' wirklich», wiederholte sie.

Nessie kam wieder zum Bett zurück.

«Aber bevor ich sterb', red' ich kein Wort mehr mit dir.»

Beau kicherte und preßte sich dann schnell die Hand auf den Mund. Luther erschien im Türrahmen.

«Auweia!» sagte er.

«Ich werd' so laut brüllen ...» fuhr Phyllis fort.

«Halt den Mund!» sagte Vern schließlich. «Wer ist überhaupt auf diese großartige Idee gekommen?»

«Ich», sagte Phyllis.

«Du lügst!» sagte Luther. «Du weißt doch genau, daß es Tinys Idee war!»

«Es war meine Idee, und ich brüll' so lang, bis ich sterbe, wenn ihr sie zurückbringt», sagte Phyllis.

«Du kannst gleich anfangen», sagte Vern. «Weil sie auf jeden Fall rüber muß.»

Und dann fing Phyllis wirklich zu brüllen an. Sie brüllte so laut und so schrill, daß Nessie versuchte, unters Bett zu kriechen, aber es ging nicht, weil sie zu groß war. Beau und Luther verließen das Zimmer schlagartig, und Vern stand da wie vom Donner gerührt. Er wußte nicht mehr, was er tun sollte. Schließlich machte er auf dem Absatz kehrt und ging auch.

Phyllis hielt sofort den Mund und grinste mich breit an. Sie war ein Phänomen.

Nessie sprang wieder aufs Bett und setzte sich zwischen uns.

Dann kam Mama herein.

«Also, Mädels», sagte sie, «ihr wißt doch wohl, daß das nicht geht. Bringt den Hund also lieber gleich zurück.»

«Nein», sagte Phyllis mit Nachdruck. «Nie!»

Mama stützte die Hände in die Hüften und starrte Phyllis an. Phyllis richtete sich im Bett auf, stützte genauso die Hände in die Hüften und starrte zurück. Ich konnte nichts tun, als mich wieder hinzulegen und ihnen zuzuschauen. Es war gar nicht so schlecht, Phyllis einmal auf meiner Seite zu haben, dachte ich, und sie für mich kämpfen zu lassen.

Diese Runde gewann Phyllis. Mama verließ unser Zimmer und war geschlagen. Wir sprangen aus dem Bett und zogen unsere Hosen und unsere Pullover an. Ich zog auch Socken und Schuhe an, aber Phyllis ging natürlich barfuß, wie immer. Ich sagte kein Wort dazu. Es war besser, sie jetzt nicht zu reizen. Mit Nessie zusammen gingen wir runter, um unsere Geschenke aufzumachen. Draußen lag fußhoch der Schnee, und die Berge leuchteten und glitzerten in der Morgensonne.

Das ganze Zimmer war voll von Geschenken, und ich war plötzlich freudig aufgeregt. Nessie sprang herum, als hätte sie verstanden, was los war.

Was für ein Weihnachtsfest! dachte ich.

Mama verteilte schweigend die Geschenke. Sie war sauer. Vern ließ sich nicht blicken, und ich nahm an, daß er nebenan war, um mit Mr. Horn zu reden.

Ich bekam einen weißen Banlon-Pullover von Mama und einen schwarzen Faltenrock aus Wolle von Vern, ein Päckchen Pferdeschwanzgummis in verschiedenen Farben von Phyllis und ein Notizbuch von Beau und Luther. Ich machte gerade mein letztes Päckchen auf, als Vern hereinkam und uns schweigend zusah. Er hatte die Hände in den Hosentaschen, und das bedeutete, daß es ihm ernst war. Alle hielten still, sogar Nessie, und schauten ihn an. Er räusperte sich.

«Also Phyllis, Tiny ...», begann er und stockte dann.

«Hast du mit Mr. Horn gesprochen?» fragte Phyllis.

«Ja, hab' ich», sagte Vern. «Und er will seinen Hund auf der Stelle zurückhaben.»

Bei diesen Worten fing Phyllis wieder ihr Gebrüll an. Es war fast unerträglich. Mama und ich hielten uns die Ohren zu, Beau und Luther schimpften wie die Rohrspatzen, aber man hörte sie gar nicht vor lauter Krach, Nessie verdrückte sich hinter die Couch, und Vern verzog schmerzhaft das Gesicht. Er tat mir fast ein bißchen leid.

Plötzlich ging er zum Kamin, holte das alte Gewehr aus dem Bürgerkrieg von der Wand und marschierte wieder hinaus.

Phyllis war so erschrocken, daß sie zu brüllen aufhörte; es hing nur noch ein Klingeln in der Luft. Verblüfft schauten wir uns an.

«Er wird doch nicht ...?»

«Glaubst du ...?»

«Nee, kann nicht sein.»

Aber es war doch so. Zwei Minuten später kam Vern mit leeren Händen zurück.

«Fröhliche Weihnachten», murmelte er. «Da habt ihr euern Hund!»

Phyllis warf sich ihrem Daddy in die Arme und küßte ihn ab. Ich stand völlig verdattert da und wagte es nicht, das alles zu glauben.

«Und du willst mir altem Mann wohl nicht danken?» neckte mich Vern und grinste.

Ich schaute zu Mama hinüber, und sie grinste auch. Es stimmte wirklich. Vern hatte sein Gewehr für Nessie hergegeben. Ich küßte Vern flüchtig auf die Backe.

«Danke.»

Dann kroch ich hinter die Couch und rief Nessie. Ich machte nach dem Frühstück die Küche freiwillig sauber, während die anderen im Fernsehen den Mormonen-Chor anschauten. Nessie wich mir nicht von den Fersen, und ich mußte aufpassen, daß ich sie nicht dauernd trat. Dann kam Vern rein und goß sich noch ein Glas Whisky ein.

«Das ist das schönste Weihnachtsfest, das ich je erlebt habe, Vern», sagte ich zu ihm.

Er legte mir den Arm um die Schulter.

«Du wirst immer hübscher», sagte er. «Du weißt, daß ich dich liebe, Tiny.»

Ich kicherte unbehaglich und wurde nervös.

«Ich mein's wirklich so», sagte er ernst.

Dann küßte er mich auf die Backe.

«Ich liebe dich», sagte er noch einmal.

15

Es folgten wunderschöne und glückliche Tage, in denen ich und meine Schwester uns nahe waren. Wir verbrachten unsere ganze freie Zeit mit Nessie zusammen, wuschen sie in der Badewanne, wenn Vern nicht da war, und versuchten, ihr Tricks beizubringen, wie Stöckchenholen, was sie aber die meiste Zeit nicht tat. «Sitz» und «Bei Fuß» bedeutete für Nessie: Wirf dich auf den Rücken, und das konnte sie perfekt. Manchmal mußten wir über sie lachen, bis uns die Tränen kamen, und sie lachte mit uns.

Ich merkte, daß Phyllis vernünftige Sachen tat, wie Socken und Schuhe tragen, wenn ich nett zu ihr war, und an diesem Weihnachtsmorgen, als wir Nessie bekamen, hörten wir Phyllis zum letztenmal brüllen wie am Spieß.

Manchmal nahm uns Vern an Sonntagen mit hinauf zum Ruby Mountain, wo wir endlos im stürmischen Wind über den Gipfel liefen. Wir verkrochen uns in dem Holzhäuschen und verbrachten unsere Zeit mit Mädchenbeschäftigungen, wie einander die Haare zu kämmen und die Fingernägel zu lackieren.

Wir schlüpften unter die Trauerweide und dachten uns dort, versteckt vor aller Welt, Geschichten aus über Dinge, die irgendwann einmal passiert waren. Und zwischen uns saß immer Nessie, wohlwollend und lieb, und wedelte mit dem Schwanz. Wir bürsteten sie und befreiten ihr Fell von verfilzten Stellen, kraulten sie am Bauch und küßten sie auf die Nase. Wir verwöhnten sie schändlich, und sie liebte uns.

Im April weckten Farben und süße Düfte die Berge auf, die von Butterblumen und Veilchen, blühenden Apfel- und Kirschbäumen und Hartriegel und allen möglichen wilden Blumen prangten.

Und dann hörte ich eines Tages Phyllis am Telefon zu einer ihrer Klassenkameradinnen sagen: «Wenn ich erwachsen werde, möchte ich wie meine große Schwester sein und auch aussehen wie sie.»

Ich war überrascht und erfreut. Ich schaute mich im Spiegel an und wurde ein bißchen rot. Ja, ich sah langsam etwas besser aus.

Aber immer noch rief mich niemand an, um sich mit mir zu verabreden. Bobby Lynn hatte jedes Wochenende mit jemand anders eine Verabredung, und Rosemary ging fest mit Roy Woodrow Viers, der Tuba spielte. Man hätte sie nicht einmal mit einem Brecheisen trennen können.

Im Mai wurde ich sechzehn, und die Erdbeeren wuchsen wie verrückt. So was hatte es noch nie gegeben. Tante Evie und Cecil Hess und all die kleinen Hess-Kinder halfen uns pflücken und bekamen einen Anteil vom Erlös. Cecil neckte mich immer mit meinem Pferdeschwanz. Er hielt ihn fest und sagte: «Na, steh doch auf.» Dann blinzelte mir Tante Evie vielsagend zu, aber ich lachte sie nur aus. Ich wußte, daß es ja nur Cecil war, so freundlich wie immer, und so nett zu Phyllis, Beau und Luther wie zu seinen eigenen kleinen Geschwistern. Cecil war in diesem Jahr schon im Uni-Football-Team, aber im nächsten Herbst, wenn wir im Junior-Jahr waren, würde er schon auf die Universität gehen. Vielleicht spielte ich dann schon die erste Klarinette.

Um diese Zeit ging das Gerücht um, Mr. Gillespie hätte eine Freundin in einem College in North Carolina, aber ich glaubte es nicht. Das konnte nicht sein. Ich hing immer noch meinen Tagträumen nach und schrieb ihm anonyme Briefe.

Dann nahte der zweite Talentwettbewerb des Jahres. Ich war in so guter Stimmung, daß ich mich von Bobby Lynn überreden ließ, mit ihr zusammen teilzunehmen. An einem Freitag trafen wir uns nach der Schule zum erstenmal im Auditorium mit den anderen Teilnehmern, um zu besprechen, was wir tun wollten. Aus dem Tal waren nur ein paar Kinder da, aber die Schüler aus der Stadt waren vollzählig versammelt – ein paar Sänger und ein paar Klavierspieler, ein paar Gitarristen und ein paar Schauspieler.

Es gab auch eine Vier-Personen-Rockgruppe, die Geezer Coleman anführte. Carole Ann Hudson wollte aus *Anastasia* lesen, und Lois Harmon wollte mit brennenden Stäben jonglieren. Die Mountain Dew Drops, eine Kentucky-Band, war da, und alle genierten sich für sie, weil die Kentucky-Musik überhaupt nicht mehr in Mode war.

Aber am peinlichsten war Connie Collins. Sie wollte Spitzentanz machen, und sie nahm jeden Samstag Ballettstunden in Bristol. Sie war dumm wie ein Kohleneimer, aber reich und sah aus wie Marilyn Monroe. Die Collins hatten das größte Haus in der Stadt, weil ihnen das Spirituosengeschäft gehörte.

Im Singen hätte ich keine Konkurrenz, flüsterte mir Bobby Lynn zu. Trotzdem fragte ich mich, ob ich gut genug war, all diese Schüler aus der Stadt zu schlagen. Worauf hatte ich mich bloß eingelassen? Als mein Name aufgerufen wurde, sprang ich wie von der Tarantel gestochen von meinem Stuhl auf, und jemand kicherte. Ich wurde rot. Da stand Bobby Lynn auch auf.

«Tiny wird singen», sagte sie mit sanfter Stimme. «Ich begleite sie auf dem Klavier. Und ich werd' auch jodeln.»

Alle Augen wandten sich mir zu, und ich blieb stumm wie ein Fisch. Ich fühlte mich dumm und unterlegen. Die lachen sich ins Fäustchen, dachte ich. Die glauben, daß ich keinen Ton rausbringe.

«Die erste Probe ist am Dienstag nachmittag um halb vier», sagte Mrs. Miller. «Nur wer stirbt, braucht nicht zu kommen, aber er sollte sich einen Totenschein ausstellen lassen, sonst glaube ich's nicht.»

Haha.

Die Zusammenkunft war beendet, und wir gingen hinaus. Es war ein so wunderbarer Tag, und die Luft roch frisch und lieblich. Ich war bester Laune.

«Gehn wir zum Laden runter», sagte Bobby Lynn. «Du mußt dir die neuen Badeanzüge anschauen. Sie sind einfach toll!»

Sie meinte den Black Gap Style Shoppe an der Hauptstraße, in dem ihre Mutter arbeitete. Sie hatten die neuesten Modelle aus Bristol. Das neue Bezirksschwimmbad sollte bald eröffnet werden, und da sahen sich alle nach Badeanzügen um.

Mrs. Clevinger lächelte uns an, als wir in den Laden kamen. Ich hatte sie schon mal bei Sportveranstaltungen gesehen. Sie war zierlich und sommersprossig wie Bobby Lynn, und man konnte nicht glauben, daß sie schon fast fünfunddreißig war. Nur mit ihrer Ehe schien irgend etwas nicht zu stimmen, und die Leute in der Schule redeten schlecht über sie. Bobby Lynn schien sich auf jeden Fall zu schämen für das, was los war, weil sie nie mit mir drüber gesprochen hatte, jedenfalls hieß es, Mr. Clevinger sei kürzlich ausgezogen. Ich kannte keinen einzigen Menschen, der geschieden war, außer Mamas Freundin Dixie, aber mit Dixie konnte sowieso kein vernünftiger Mensch verheiratet sein.

«Zeig Tiny die neuen Badeanzüge», sagte Bobby Lynn zu ihrer Mutter.

«Na selbstverständlich, gern!» sprudelte Mrs. Clevinger hervor. «Zum Beispiel dieser gepunktete da. Würde sie nicht süß drin aussehen?»

Bobby Lynn quiekte, und beide kicherten los.

Es waren die hübschesten Badeanzüge, die ich je gesehen hatte, doch der kleine gepunktete, von dem Mrs. Clevinger gesprochen hatte, war der allerschönste. In Null Komma nichts war ich in der Kabine und probierte ihn an. Als ich herauskam, machten Mrs. Clevinger und Bobby Lynn Ooh und Aah. Dann kam Connie Collins herein. Wortlos baute sie sich vor mir auf und machte ein langes Gesicht.

Ich drehte mich hin und her vor dem Spiegel und wollte meinen Augen beinahe nicht trauen. Ich war ein paar Zentimeter größer geworden, meine Haare schienen länger und glänzender zu sein, und an den richtigen Stellen war ich ein bißchen runder. Ja, ich sah fast … gut aus … wirklich, beinahe! Doch, ich sah gut aus! Der Badeanzug hatte keine Träger, war blau mit weißen Pünktchen und hatte zwei niedliche Rüschen am Hinterteil.

«Wahnsinn!» sagte Bobby Lynn.

Ich hätte sie abküssen mögen.

«Also, diese albernen Rüschen würd' ich abmachen!» sagte Connie spitz.

Connie hatte die schönsten Kleider von allen, aber ich hätte schwören mögen, daß sie jetzt einen Augenblick beinahe neidisch war. Das schmeichelte mir am allermeisten, und mir war klar, daß ich diesen Badeanzug haben mußte.

«Die Rüschen abmachen? Um Himmels willen nein!» sagte Mrs. Clevinger. «Gerade wegen diesen Rüschen werden im neuen Schwimmbad allen die Augen rausfallen. Du bist wirklich hinreißend, Tiny.»

Connie wandte sich rasch ab und tat so, als interessiere sie sich mächtig für ein rotes Sommerkleid. Mrs. Clevinger blinzelte mir zu, und Bobby Lynn kicherte.

Es stellte sich heraus, daß der Badeanzug 9 Dollar 98 kostete. Ich schluckte schwer, aber ich mußte ihn haben. Mein Geld aus dem Erdbeerverkauf hatte ich in der Tasche eines alten Mantels hinten in meinem Kleiderschrank zu Hause versteckt, und Mrs. Clevinger schrieb den Badeanzug auf ihre eigene Rechnung, bis ich ihr das Geld geben konnte.

Ich hielt ein Taxi an um heimzufahren, weil ich zu aufgeregt war, zwei Stunden zu warten, bis ich Mama und Vern wie ausgemacht beim A & P treffen würde, wo sie einkaufen wollten. Ich konnte nicht so lang warten, bis Mama und Phyllis meinen neuen Badeanzug sehen würden.

Der Taxifahrer, Rosemarys Cousin Gary Dean Layne, versuchte auf dem Heimweg, mit mir zu flirten. Er war mindestens schon neunzehn, und so alte Leute wie er interessierten mich natürlich nicht, außer Mr. Gillespie, aber es tat mir doch mächtig gut. Ich fragte mich, ob ich mich je wieder jemandem unterlegen fühlen würde. Gary Dean verlangte nur 40 Cent von mir, obwohl ich eigentlich hätte 50 zahlen müssen. Ich stürzte ins Haus und rief nach Mama und Phyllis, aber niemand war da, nicht mal Nessie.

Na, was soll's, dachte ich, sie sind wohl alle beim Erdbeeren pflücken. Ich ging trotzdem hinauf und zog meinen neuen Badeanzug an. Wenn sie heimkamen, würden sie mich gleich sehen. Eine Weile stolzierte ich vor dem Spiegel auf und ab, sang in ein unsichtbares Mikrophon und machte ein paar Tanzschritte. Dann holte ich mir ein Glas Erdnußbutter und Vanillewaffeln aus der Küche und machte es mir vor dem Fernseher gemütlich. Justine tanzte mit einem neuen Partner Walzer, und Johnny Mathis sang ein Liebeslied.

Ich schloß die Augen.

Ich und Mr. Gillespie sind am Eröffnungstag im neuen Schwimmbad. Er will mir das Schwimmen beibringen. Ich weiß, daß er völlig weg ist von meinem neuen Badeanzug. Er schlägt mir vor, nächstes Jahr am Schönheitswettbewerb teilzunehmen.

Als ich den Lieferwagen den Berg heraufrumpeln hörte, dachte ich, sie kämen alle vom Ruby Mountain zurück, aber Vern kam allein zur Tür herein. Er schwankte.

«Wo ist Mama, und wo sind die anderen?» fragte ich ihn.

«Cecil hat sie mit dem Wagen von seinem Vater raufgefahren zum Erdbeeren pflücken», lallte Vern.

Er war für diese Tageszeit betrunkener als sonst. Ich saß wie angewurzelt, starrte in den Fernsehapparat und kreuzte die Arme über der Brust. Ich hoffte, daß er nicht sehen würde, was ich anhatte.

«Ich hab' meinen Vater besucht», sagte Vern. «Er ist im Krankenhaus.»

Ich sagte immer noch nichts und blieb starr. Irgendwo in meinem Hinterkopf leuchtete ein Warnlämpchen auf. Gefahr. Paß auf.

Die Sendung war zu Ende. Jetzt war gleich *Howdy Doody* dran.

«Was hast'n da an?» sagte Vern, und mein Herz wurde schwer wie ein Stein.

«Nur einen Badeanzug», sagte ich.

«Der ist doch neu, oder?»

«Schon.»

«Steh auf und zeig mal.»

«Ach Vern ...»

«Steh auf!»

Gehorsam stand ich auf und klemmte die Arme fest an meinen Körper, die Hände auf den Oberschenkeln. Ich sah ihn an und dachte, wenn er rausginge, würde ich losrennen und zu Tante Evie flüchten. Aber Vern starrte mich an und dachte nicht dran wegzugehen.

«Streck deine Arme aus und dreh dich rum», sagte er. Ich tat, was er mir befohlen hatte, und merkte, daß mein Gesicht vor Scham knallrot wurde.

O Gott …

Im Fernseher sagte Buffalo Bob: «Hallo Jungs, wißt ihr, wie spät es ist?»

Da packte mich Vern.

16

Ich träume, und es ist wunderschön. Ich bin ein zweijähriges kleines Kind, und Willa ist bei mir, und mein richtiger Papi, Ernest Bevins, ist auch da, und wir haben es so lustig auf der Blumenwiese oben auf dem Ruby Mountain. Willa und mein Papi sehen so schön aus mit ihren lockigen roten Haaren vor dem blauen Himmel, und ich denke, ja, ich glaube, ich werde für immer mit Willa und meinem Papi oben bleiben und nie erwachsen werden, weil Erwachsenwerden so weh tut und weil einem dann fürchterliche Sachen passieren.

Mein Papi hat Augen, so klar wie blaues Eis, als er mich hoch über seinen Kopf in den Wind hebt, und ich kichere und brabble, wie Babys das so machen. Willa pflückt Gänseblümchen und sagt im Kindersingsang: «Er liebt mich ... er liebt mich nicht ...», während ihr rotes Haar ins Gras und in die Bergquelle fließt. Dann essen wir alle Erdnußbutter und Vanillewaffeln. Aber sie schmecken nicht gut. Sie stinken nach Whisky.

Plötzlich schaue ich meinen Papi an und bin schrecklich zornig.

«Wo warst du bloß?» schreie ich ihn an. «Du hättest da sein und auf mich aufpassen müssen!»

Er ist sehr traurig, aber ich bin zornig und will ihm weh tun. Ich werfe einen Stein nach ihm, der ihn am Auge verletzt.

«Sag's deiner Mutter», sagt er zu mir.

Blut tropft aus seinem Auge auf den Boden, und Willa läuft weinend davon. Ich habe Willa noch nie zuvor weinen sehen.

«Komm doch zurück, Willa!» rufe ich ihr nach. «Komm zurück!»

«Sag's deiner Mutter», beharrt Papi.

Ich wachte weinend in der warmen Mainacht auf. O Willa ... komm zurück!

Phyllis wälzte sich im Schlaf herum und murmelte etwas von

Erdbeeren. Nessie seufzte auf ihrem Schlafplatz unter dem Fenster.

Willa … komm zurück.

Die Worte hallten in meinem Kopf wider wie eine traurige Melodie.

Willa, Willa, on my pilla,
Come in your pretty lace
And your pink face.

Erst erfüllte ihr süßer Duft mein Zimmer; dann erschien sie selbst in strahlenden Farben.

«Oh, Willa …»

Das hellrote Haar fiel ihr in wilden Locken über den Rücken und bis auf den Boden herab, als sie sich neben meinem Bett niederkniete. Ihre Augen waren grau wie Schneewind in ihrem großen, zarten Gesicht. Sie trug ein pfefferminzgrünes Seidenkleid, und sie war so schön und strahlte eine solche Güte aus, daß sie im Dunkeln leuchtete.

«Psst», sagte sie sanft und trocknete meine Tränen mit ihrem Haar. «Ich werde so lang bei dir bleiben, wie du mich brauchst.»

Lieber Mr. Gillespie,

ich habe eine Freundin, sie heißt Willa, und ein Mann hat ihr weh getan. Jetzt will sie nicht mehr aufstehen, nicht mehr in die Schule gehen und mit niemandem reden. Sie möchte die ganze Zeit allein sein, und nachts weint sie. Ich habe Angst, daß sie verrückt wird. Ich wollte, Sie wären da, um mir zu erklären, warum das passieren mußte. Warum hat Gott zugelassen, daß das meiner Freundin passiert? Ich wollte, Sie könnten's mir sagen, damit ich es ihr erklären kann.

Mit lieben Grüßen *Ernestina*

Ich verpaßte die Probe für den Talentwettbewerb und zog mich dann ohne Erklärung völlig von Bobby Lynn zurück. Ich hätte ihr wahrscheinlich etwas sagen sollen, aber es war schon egal.

Bobby Lynn war sauer und redete nicht mehr mit mir, aber auch das war egal. Cecil war der einzige, der mich fragte, was nicht in Ordnung sei. Ich saß gerade allein in einer Ecke des Auditoriums.

«Alles in Ordnung», war alles, was er aus mir herauskriegte.

Lieber Mr. Gillespie,

Willa sagt, sie würde am liebsten tot sein. Sie fühlt sich schmutzig und schämt sich. Sie sagt, sie weiß nicht, warum sie überhaupt noch weiterleben soll. Wenn Sie sich wundern, warum Willa es niemand sagt: Es ist, weil er gesagt hat, er würde ihren Hund umbringen, und das tut er auch. Sie hat ihren Hund sehr gern. O Mr. Gillespie, es ist furchtbar, wenn einem jemand so weh tut.

Mit lieben Grüßen *Ernestina*

Im Orchester traute ich mich nicht, Mr. Gillespie anzusehen. Ich hatte Angst, er würde es mir von den Augen ablesen. Aber eines Tages sagte er ganz unvermittelt: «Ich muß Ernestina etwas sagen.»

«Wem?» fragte jemand.

Ich merkte, wie ich blaß wurde, und schaute in seine Richtung, aber nicht genau auf ihn. Schaute er mich an? Nein, er schaute mich nicht an.

«Ich bin sehr bekümmert», fuhr er fort, und seine Stimme zitterte dabei ein bißchen.

Wer außer Mr. Gillespie sagte so etwas: «Ich bin sehr bekümmert.»

«Worüber denn?» fragte jemand.

«Willa muß es ihrer Mutter sagen», fuhr Mr. Gillespie fort. «Es ist dringend notwendig. Sie muß es unbedingt tun.»

«Entschuldigung, Mr. Gillespie», sagte Jimmy Ted O'Quinn übertrieben höflich, «aber wovon reden sie eigentlich?»

Mein Herz schlug so heftig, daß ich Angst hatte, jemand würde es sehen oder hören.

«Ich spreche nicht mit dir, Jimmy Ted», sagte Mr. Gillespie. «Diejenige, mit der ich rede, weiß, was ich meine. Sie soll auch wissen, daß ich ihr Freund bin und daß sie jederzeit im vollen Vertrauen zu mir kommen kann.»

Es war mucksmäuschenstill im Orchesterraum, während Mr. Gillespie seine Augen langsam und mit einem sehr traurigen Ausdruck umherwandern ließ.

«Nun gut», sagte er schließlich und hob die Arme. «*Die Fledermaus.*»

Juni 1958

Lieber Mr. Gillespie,

danke für das, was Sie im Orchester gesagt haben. Aber ich will nicht, daß Sie so bekümmert sind. Was Sie gesagt haben, hat mir sehr geholfen, und es geht mir schon besser. Ich danke Ihnen für Ihre Anteilnahme.

Mit lieben Grüßen *Ernestina*

PS: Ich werde es Willa sagen.

Wie konnte ich zu Mr. Gillespie gehen nach all dem Süßholzgeraspel in meinen früheren Briefen? Ich würde es ihm nie sagen können.

Bobby Lynn gewann mit ihrem Jodeln den ersten Platz im Talentwettbewerb. Ich hatte völlig vergessen, zu der Vorführung zu gehen, aber ich sah in der Zeitung ihr Photo und all die Preise, die sie gewonnen hatte. Sie lächelte und sah glücklich aus. Tante Evie brachte mir die Zeitung. Sie war stolz auf Bobby Lynn.

Mr. Gillespie fuhr Ende des Monats nach Lexington, wo er heiratete.

Ich schrieb ihm nicht noch einmal. Es gab nichts mehr, was ich ihm hätte sagen können.

In meinem nächsten Traum ist Großpapa Lambert da. Er ist wütend auf Mama, daß sie Vern geheiratet hat. Seine Augen sind kleine glühende Kohlestücke, und er hat schreckliche Falten im Gesicht und beschimpft Mama und beschimpft mich. Dann verwandelt er sich in Großmama Mullins, Verns verstorbene Mutter. Sie lacht mich aus.

«Du dachtest, du würdest toll aussehen in diesem Badeanzug!» sagt sie. «Du hättest die Rüschen abmachen sollen, wie ich dir gesagt habe. Rüschen sind gefährlich.»

Und sie grinst boshaft und lacht. Sie hat gewonnen. Noch als Tote ist sie stärker als ich. Ich hasse sie, und ich hasse Vern.

Ich wachte auf. Es war mitten in der Nacht, und Phyllis hatte sich aufgedeckt. Mein Fenster war offen, und ich hörte die Frösche unten im Bach quaken. Ich konnte die Silhouetten der Berge vor dem juwelenübersäten Himmel sehen. Ich stellte mir die Leute vor, wie sie überall im Tal in ihren Betten schliefen, wie sie es immer getan hatten. Sie konnten sich das Schreckliche nicht vorstellen, das geschehen war.

Ich wollte aufstehen und wieder ein Bad nehmen, aber Mama war wütend auf mich, weil ich in letzter Zeit dauernd badete. Mir war heiß, und ich war durstig. Ich setzte mich auf, und da hob Nessie den Kopf und begann mit dem Schwanz gegen das Bett zu schlagen. Ich tätschelte sie.

Ich dachte, vielleicht wäre noch ein Coca-Cola im Kühlschrank. Ich wollte mich die Treppe hinunterschleichen und es mir holen. Ich ging in den Flur hinaus und schloß meine Tür, damit Nessie mir nicht folgte. Ich hörte Vern schnarchen. Auf Zehenspitzen schlich ich die Treppe hinunter und in die Küche. Ja, da war das Coca-Cola. Ich öffnete es leise und ging auf Zehenspitzen zur Treppe zurück. Am Fuß der Treppe blieb ich stehen, weil ich im Wohnzimmer eine Zigarette im Dunkeln glühen sah.

«Mama?»

Stille.

«Warum sitzt du da im Dunkeln, Mama?»

«Ich konnte nicht schlafen. Geh wieder ins Bett, Tiny.»

Ich war Mama aus dem Weg gegangen. Ich hatte ihr in den letzten Wochen nicht mal in die Augen gesehen, weil ich wußte, daß ich es ihr nie sagen könnte. Selbst am ersten Abend, als ich sagte, ich hätte Kopfweh, und mich davor drückte, zum A & P zu gehen, fragte sie nichts. Wenn sie merkte, daß etwas nicht stimmte, so verlor sie doch kein Wort darüber. Vielleicht wollte sie sich selbst nicht eingestehen, daß sie einen Verdacht hatte. Vielleicht hatte sie auch keinen Verdacht. Als ich da zögernd am Fuß der Treppe stand, stellte ich mir vor, im Dunkeln zu ihr hinüberzugehen, mich an sie zu kuscheln und in ihren Armen zu weinen wie ein kleines Mädchen. Vielleicht konnte ich es ihr doch sagen ...

«Mama?»

«Verdammt noch mal, Tiny!» fuhr sie mich an. «Kann ich denn nie allein sein?»

Ohne ein Wort zu sagen, ging ich die Treppe hinauf und in mein Zimmer zurück.

Phyllis hatte sich quer übers ganze Bett ausgestreckt und schnarchte wie Vern. Ich stieß sie ziemlich heftig mit meinem Ellenbogen an.

«Oh!» sagte sie und fuhr in die Höhe. «Was ist denn los?»

«Mach mir Platz!»

«Dafür brauchst du mich doch nicht so fest zu stoßen! Es hat weh getan!»

Ich drehte ihr den Rücken zu.

«Weißt du was, Tiny?» sagte sie wütend. «Ich mag dich nicht mehr!»

«Na und? Ich dich auch nicht!»

17

Der blauweiß gepunktete Badeanzug lag zusammengeknüllt ganz hinten in der untersten Schublade meines Schrankes. Ich wollte ihn nie mehr sehen und ging auch nicht ins neue Schwimmbad. Der Sommer war wie Nebel vor meinen Augen. Ich glaube, es regnete die ganze Zeit.

In Gedanken brachte ich Vern um.

Mama wurde immer schweigsamer, und auch Phyllis war plötzlich schweigsam.

Die Jungen verbrachten viel Zeit mit Cecil.

Ich war die ganze Zeit nur mit Nessie und Willa zusammen. Wir beide bauten uns eine ganze Phantasiewelt, Willa und ich. Ich glaube, da gab es sogar Einhörner. So konnte ich der wirklichen Welt entfliehen. Sie war nicht mehr wichtig.

Rosemary rief mich oft an. Sie und Roy machten sich Sorgen um mich. Sie vermittelten mir eine Verabredung mit Roys Cousin, aber ich wollte nicht hingehen. Bobby Lynn überwand ihre Spinnerei endlich, weil sie vergaß, worüber sie sauer gewesen war, und rief mich wieder an. Wir sollten ins Junior-Jahr kommen, und bei den Sommerorchesterproben durften wir beide die erste Klarinette spielen, aber all das zählte nicht mehr.

Als die Schule wieder anfing, saß ich wie immer mit Bobby Lynn und Rosemary im Pausenhof auf dem Zaun. Roy gehörte seit dem letzten Schuljahr zu unserer Gruppe, und dann kam eines Morgens aus heiterem Himmel Cecil zu uns herüber und heftete sich an unsere Fersen. Von da an tauchte er jeden Tag auf. Er hatte wohl ein Auge auf Bobby Lynn geworfen, aber warum auch immer, ich war stolz, daß er bei uns war, weil er es als Football-Spieler über Nacht zu einem sensationellen Erfolg gebracht hatte. Jede Woche stand sein Name in der Zeitung. Und er war *mein* Nachbar.

In der letzten Oktoberwoche lud Bobby Lynn mich ein, über Nacht bei ihr zu bleiben, und Mama erlaubte es. Ich beschloß, die Einladung anzunehmen, weil ich so lange Zeit nichts Besonderes mehr gemacht hatte. Ich war zwar öfters bei Bobby Lynn zu Besuch gewesen, aber nie über Nacht. Sie wohnte in der Nähe der Hauptstraße, und wir gingen am Freitag nach der Schule zusammen zu ihrem Haus. Auf dem Gehsteig lagen überall goldene Blätter, die von kleinen Windstößen um unsere Füße gewirbelt wurden. Wir traten nach ihnen und lachten und atmeten die frische Herbstluft ein.

Bobby Lynns Haus war klein und aus weißem Holz, umgeben von einer niedrigen Ziegelmauer. Vom Gartentor zur Eingangstür lief ein hübscher, mit Ziegeln gepflasterter Weg. Wir gingen hinein und warfen unsere Bücher auf die Couch. Es war gemütlich in diesem Haus mit seinen fünf ineinandergeschachtelten Zimmern, Blumenvorhängen und passenden Couchbezügen, Zierdeckchen auf allen Möbeln, Familienbildern an den Wänden und einem Klavier!

Wir aßen Gelee mit Bananen und Nüssen, und dann setzte sie sich ans Klavier. Sie spielte nach dem Gehör. Bobby Lynn hatte mir erzählt, daß sie in der Grundschule ein paar Jahre lang Klavierstunden genommen, aber nie Lust gehabt hatte, systematisch zu lernen und Tonleitern oder so etwas zu spielen, und daß ihr Lehrer dann einfach aufgab und sie nur so zum Spaß vorspielen ließ. Und dann lernte sie wirklich Klavier spielen. Sie konnte alles spielen von *Honky Tonk Angel* bis Mozart. Sie mußte eine Melodie nur ein paarmal hören, und schon konnte sie sie auswendig. Wenn ich nur ein paar Takte von irgend etwas sang, konnte sie es sofort nachspielen. Wir probierten gerade *The Rock And Roll Waltz*, als Bobby Lynns Mama von der Arbeit nach Hause kam und sich neben mir in einen Lehnsessel fallen ließ.

One, two, and than rock,
One, two, and than roll,
They did The Rock And Roll Waltz.

Zuerst hörte Mrs. Clevinger nur zu, aber bald fing sie an, im Rhythmus mitzuklatschen. Dann sangen wir den Refrain zusammen, während Mrs. Clevinger und ich uns einhakten und zu tanzen begannen. Als es zu Ende war, waren wir ganz außer Atem und lachten alle. Ich hatte vollständig vergessen, daß ich mit einer Frau in den mittleren Jahren tanzte.

«Das war lustig!» sagte sie. «Wo hast du denn so gut singen gelernt, Tiny Lambert?»

Einen Augenblick lang schien sich das Zimmer, in dem ich war, in nichts aufzulösen, und ich sah Willa und mich auf der Veranda auf der Hollywoodschaukel sitzen und leise zusammen singen.

«Ich hab's irgendwo aufgeschnappt», sagte ich zu Mrs. Clevinger.

«Dann laß es dir nicht wieder wegschnappen», sagte sie kichernd. «Und du, meine liebe Bobby Lynn, hast ganz richtig gespielt – und an den richtigen Stellen schön leise. Kaum zu glauben. Was kannst du sonst noch singen?»

Wir konnten noch eine ganze Menge, und wir sangen und spielten auch eine ganze Menge, während Mrs. Clevinger große Stücke Schweinefleisch briet, selbsteingelegtes Sauerkraut aus dem Glas holte und Maisbrot aufschnitt. Dann setzten wir uns zum Essen in die enge Küche an den Tisch.

«Ich muß heute abend zu einer Totenwache nach Big Lick», sagte Mrs. Clevinger. «Ich fände es schön, wenn ihr beide mitkämt. Ich mag im Dunkeln nicht allein fahren.»

Ich war nicht besonders erpicht darauf, einen Freitagabend an der Seite eines Leichnams zu verbringen, aber Bobby Lynn sagte zu meiner Überraschung ja.

«Ich war noch nie bei einer Totenwache», sagte ich und hoffte, damit eine Entschuldigung zu haben, aber es half nichts.

Ehe ich mich versah, saßen wir in Clevingers Henry J, ich vorne mit Mrs. Clevinger und Bobby Lynn hinten. Wir fuhren die lange Strecke bis Big Lick, fast an der Grenze zu Westvirginia. Wir erzählten die ganze Zeit Witze und alberten herum; ich hatte noch nie eine so lustige Erwachsene erlebt wie Bobby Lynns Mutter.

Dann bogen wir in einen Kiesweg ab, der zu einem riesigen Farmhaus in der Krümmung eines Tals führte. Wir versuchten, ernste Gesichter zu machen, und gingen hinein. Ich weiß nicht genau, was ich mir unter einer Totenwache vorgestellt hatte, aber es war auf jeden Fall anders.

Die Frau, die im hohen Alter gestorben war, war die Mutter von Mrs. Clevingers altem Freund Arbutus Shortridge. Der Sarg stand mitten im Wohnzimmer, überschüttet mit Blumen. Er wirkte wie ein prächtig geschmückter Thron, und die Verstorbene war die Königin, die über dem ganzen Geschehen wachte.

In allen Zimmern standen Grüppchen von Leuten zusammen, die leise miteinander redeten und sich gelegentlich eine Träne abwischten, wenn sie schöne und rührende Geschichten über den Star der Veranstaltung, die Verstorbene, erzählten. Tote Menschen sind in der Erinnerung immer wunderbar.

Es duftete nicht nur intensiv nach Blumen, sondern auch nach gutem Essen. Auf dem Küchentisch standen alle Leckereien, die man sich nur vorstellen kann – Sachen, die die Nachbarn mitgebracht hatten. Es gab Schinken und Brathühnchen, frisch gebackenes Brot und Biskuits, alle Arten von Gemüse und Süßspeisen – Kürbiskuchen und Apfelkuchen, Eischwerkuchen und Rotweinkuchen und Getränke. Es gab wohl draußen in der Scheune noch mehr zu trinken, denn die Männer gingen immer wieder mit feierlichen und ernsten Mienen hinaus und kamen mit einem Lächeln auf dem Gesicht und einer kleinen Fahne zurück.

Ich merkte, daß es darum ging, dem Leichnam die ganze Nacht Gesellschaft zu leisten und zugleich soviel Spaß wie möglich zu haben, ohne dabei zu laut zu sein. Mrs. Clevinger entdeckte ihren Freund Arbutus und ein paar andere alte Freunde und Freundinnen, mit denen sie in Big Lick aufgewachsen war. Sie setzte sich, um mit ihnen zu sprechen, während Bobby Lynn und ich umherstreiften und nach jungen Leuten Ausschau hielten.

«Holen wir uns ein Stück Apfelkuchen», flüsterte Bobby Lynn.

Ich folgte ihr in die Küche. Ein grobknochiges Landmädchen thronte auf einem Hocker am Tisch. Sie war auf herbe Weise hübsch. Sie hatte Sommersprossen und braune Zöpfe und ein albernes, schiefes Lächeln im Gesicht. Sie warf ihre Zöpfe immerzu herum und sagte: «Tot ... tot ...»

Ich stupste Bobby Lynn und sagte kichernd: «Was ist mit dieser lustigen Person los?»

«Ach, das ist Tilly Vanover», sagte Bobby Lynn. «Sie ist nicht ganz richtig.»

«Wie meinst du das?»

«Na ja, sie sagen, daß ihr Daddy was Bestimmtes mit ihr gemacht hat und daß sie seither nicht mehr alle Tassen im Schrank hat.»

Bei dieser Auskunft wurde mir ganz schwummrig, und meine Knie wurden so weich, daß ich mich hinsetzen mußte. Ihr Daddy hatte was Bestimmtes mit ihr gemacht.

Sie hat nicht mehr alle Tassen im Schrank. Sie ist nicht ganz richtig.

«Was ist denn mit dir?» sagte Bobby Lynn, während sie mir ein Stück Kuchen auf einer Untertasse hinhielt. «Hast du ein Gespenst gesehen?»

«Nein. Nichts.»

Wir nahmen unseren Kuchen mit ins Wohnzimmer, wo Arbutus' Tochter Pearl mit ein paar anderen Mädchen und Jungen am Tisch saß. Sie stellte mich den anderen vor, aber ich war einen Augenblick lang so zittrig, daß ich nichts hörte und sah. Ich aß schweigend meinen Kuchen, ohne aufzusehen, während die jungen Leute rings um mich mit gedämpften Stimmen plauderten.

Allmählich beruhigte ich mich und schwor mir insgeheim, daß ich nicht mehr an Tilly Vanover denken wollte.

Ein netter Junge am Tisch sah zu mir herüber. Er hieß Jesse Compton. Er war mittelgroß und weder dick noch dünn, und er hatte einen blonden Bürstenschnitt und braune Augen. Er war siebzehn und Oberschüler in der Big-Lick-High-School.

Nach einer Weile schaute ich auch zu ihm hinüber.

Der andere Junge war Patton Barber, häßlich wie eine Vogelscheuche, aber Bobby Lynn schien ihn zu mögen.

«Poch poch», flüsterte Bobby Lynn.

«Wer ist draußen?» erwiderten wir im Chor.

«Sam und Janet.»

«Sam und Janet wer?»

«Sam und Janet Abendrot», sang sie.

Wir lachten leise.

«Ich weiß auch eins», sagte Jesse und sah mit einem Zwinkern zu mir herüber.

Mein Herz flatterte.

«Na sag schon», sagte ich.

«Also gut, du sagst ‹poch poch›», sagte er.

«Poch poch», sagte ich.

«Wer ist da?» fragte er.

Einen Moment lang schwiegen wir, dann brachen wir in Lachen aus.

Eine große, dicke Frau trat in die Tür, stemmte die Hände in die Hüften und schaute mit einem Stirnrunzeln zu uns herüber. Beschämt ließen wir die Köpfe hängen. Sobald sie wieder draußen war, kicherten wir hinter vorgehaltenen Händen.

«Ich weiß einen Häschenwitz», sagte Patton Barber.

«Laß mal hören.»

Jesse und ich konnten die Augen nicht voneinander wenden. Ich hatte Schmetterlinge im Bauch. Ungefähr eine Stunde lang ratschten wir, erzählten uns Witze, und Jesse rückte immer näher.

Dann begann ein Prediger, bei der Leiche seine Ansprache zu halten. Man hörte, wie Tilly Vanover sagte: «Tot ... tot ...», und bei irgend jemandem klapperte das Gebiß beim Kauen. Sonst hörte man nur die Stimme des Predigers, die durch das Haus schallte. Wenn Jesse mich nicht angestarrt hätte, wäre ich eingeschlafen.

Als der Prediger fertig war, kam Mrs. Clevinger auf Zehenspitzen herein und flüsterte mir zu: «Arbutus will, daß jemand *Raunende Hoffnung* singt. Willst du's machen?»

Ich fiel jäh wieder auf die Erde zurück.

«Vor allen?»

«Na klar. Du kannst es doch.»

«Ich hab' noch nie vor Leuten gesungen.»

«Los, Tiny!» ermutigte mich Bobby Lynn. «Ich helf' dir am Anfang.»

Meine erste Reaktion war davonzulaufen. Dann dachte ich: Warum eigentlich nicht? Warum mache ich's nicht ganz schnell, ohne drüber nachzudenken und ohne überhaupt Zeit zu haben, um nervös zu werden?

Jesse hörte, was wir sagten. Ob ihn das beeindruckte? Ich sprang so schnell auf, daß mein Stuhl nach hinten umfiel, und Jesse beeilte sich, ihn wieder aufzustellen. Mein Herz raste. Mrs. Clevinger und Bobby Lynn schoben mich ins Empfangszimmer. Mrs. Clevinger sagte irgend etwas zu den Leuten – ich weiß nicht was –, und dann setzten sie sich alle hin und schauten mich und Bobby Lynn erwartungsvoll an. Ich merkte, wie meine zitternden Knie gegen meinen Rock schlugen. Wir standen neben dem Sarg. Ich warf einen Blick auf den Leichnam und schaute dann schnell wieder weg.

Bobby Lynn summte mit ihrem guten Gehör ein paar Noten für mich, so daß ich die richtige Tonhöhe fand, und ich fing an.

Still wie das Rufen der Engel,
Hauchen der Seligen Schwingen,
Zieht ein tröstliches Hoffen
Tief in das Herz wie ein Singen.
Warte, das Dunkel wird weichen,
Warte, die Finsternis flieht,
morgen siehst du die Sterne,
wenn sich der Regen verzieht.

Ich sah, wie alle jungen Leute sich im Türrahmen drängelten, zu mir herschauten und zuhörten. Bobby Lynn stahl sich davon und ging zu ihrer Mutter. Die Verwandten der Verstorbenen fingen an zu weinen.

Raunende Hoffnung, du freudiger Klang,
füllst mir das Herz, mir ist nicht mehr bang.

Es gab noch zwei weitere Verse, und ich merkte, wie ich mich entspannte. Meine Stimme klang klar und rein, sogar ohne Klavier. Ich war stolz auf mich. Als ich fertig war, lächelten mich alle durch ihre Tränen hindurch an und kamen zu mir und drückten mich. Nachdem ich mir alle Komplimente angehört hatte, gingen Bobby Lynn und ich zurück und setzten uns wieder zu Patton und Jesse.

«Das war wirklich toll, Tiny», sagte er.

«Danke.»

«Hast du ein Telefon, Tiny?»

«O ja.»

«Kannst du mir deine Nummer geben?»

«Klar.»

Die Gruppen der Trauergäste wechselten sich nach Mitternacht ab, und die jungen Leute machten es sich im großen Raum beim Sarg bequem. Die Stunden zogen sich dahin, und einzelne Leute gingen nach Hause. Unser Geplauder ließ immer mehr nach. Jesse saß neben mir, aber obwohl er da war, nickte ich ungefähr um drei Uhr morgens ein.

Als ich die Augen aufschlug, merkte ich, daß ziemlich viel Zeit vergangen war. Alle Leute im Zimmer waren im Sitzen eingeschlafen. Schweigen lag über dem Haus wie eine Decke.

Leise stand ich auf und ging zum Sarg hinüber. Ich betrachtete den Leichnam. Die Frau war etwa achtzig Jahre alt, nahm ich an, in Seide gekleidet und auf glänzenden Stoff gebettet. Ihr weißes Haar hatte gelbe Strähnen und war über ihren erbarmungswürdig zusammengeschrumpften Kopf straff nach hinten gekämmt. Ihr Gesicht war beinahe so weiß wie ihr Haar, und runzlige Haut lag in Falten um ihren Mund. Ihre verschrumpelten Hände waren ordentlich über der Taille gefaltet und hielten eine einzelne weiße Nelke, die an den Rändern schon gelb zu werden begann. Ich merkte, daß ich auf der kümmerlichen Brust nach Zeichen eines Herzschlags suchte. Und wenn sie jetzt die Augen öffnete und mich ansah?

Sie war auch einmal ein Mädchen, dachte ich, mit glatter Haut, rosigen Wangen und glänzendem hellem oder dunklem Haar. Sie lachte und flirtete mit Jungen, und einer von ihnen verliebte sich in sie und heiratete sie. Lebten sie von da an glücklich und in Freuden? Und ist das das Ende von allem?

Plötzlich hörte ich etwas hinter mir atmen und erschrak zu Tode.

Ich drehte mich um und sah Tilly Vanover vor mir stehen.

«Tot ... tot ...», sagte sie.

Sie stand immer noch da, als ich kurz darauf mit Bobby Lynn und ihrer Mutter das Haus verließ. Sie tat mir sehr leid.

Auf dem Rückweg nach Black Gap schlief Bobby Lynn auf dem Rücksitz. Mrs. Clevinger war müde und sprach kein Wort. Aber in meinem Kopf rasten die Gedanken.

Während der Nacht war der erste Frost hereingebrochen. In Black Gap war keine Menschenseele auf den Beinen und kein einziges Auto unterwegs. Die kleine Stadt schlief, an den Berghang gekuschelt. Ich sah die Sonne über den goldenen Appalachian-Bergen aufgehen; alles blinkte wie Diamanten im Rauhreif.

«Ich habe überlebt!» dachte ich. Und ich bin gesund und munter! Ich lebe, und das ist ein verzauberter Augenblick, weil ich *weiß*, daß ich lebe. Ich lebe, und ich bin sechzehn Jahre alt, und die Sonne geht an einem Samstag morgen im Oktober 1958 auf. Ich sitze in einem Henry J und fahre die Hauptstraße von Black Gap, Virginia, USA, Nordamerika, Erde, hinauf ...

Aber dann war dieser Augenblick auch schon wieder vorbei.

18

Mitten am Nachmittag riß Beau mich aus dem Schlaf, als er meine Tür öffnete und schrie: «Steh auf, Tiny! Es ist ein Junge für dich am Telefon.»

Ich sprang mit beiden Beinen aus dem Bett und schüttelte den Kopf.

Ein Junge? Jesse!

Ich stolperte die Treppen hinunter und ging zum Telefon im Flur.

«Hallo.»

«Hallo Tiny? Hier ist Jesse.»

Er rief also wirklich an! Er hatte gesagt, er würde anrufen, und er hielt sein Wort!

«Wer?» fragte ich.

«Jesse Compton. Weißt du noch, wir haben uns gestern nacht in Big Lick getroffen.»

«Ach, hallo, Jesse. Was für eine Überraschung!»

«Ich hoffe, ich stör' dich nicht.»

«Nein, ich hab' bloß ... grade was gemacht. Nichts Besonderes.»

«Ich wollte nur fragen, ob wir vielleicht heute abend in Black Gap in ein Kino gehen könnten.»

«Warum nicht? Was läuft denn?»

«Ich weiß nicht.»

«Na gut.»

«Kommst du mit?»

«Ich müßte erst Mama fragen.»

«Soll ich dran bleiben, während du sie fragst?»

«Nicht nötig. Sie sagt bestimmt ja.»

«Gut. Also dann um halb acht?»

«Ja gut.»

«Und noch was.»

«Ja, was denn?»

«Wo wohnst du überhaupt?»

«Ach so, im Ruby Valley. Weißt du, wo das ist?»

«Ja, so ungefähr.»

Die nächsten fünf Minuten erklärte ich ihm den Weg zu unserem Haus, dann hängten wir auf.

Ich hatte eine Verabredung. Meine erste Verabredung. Und er war wirklich prima. Und er hatte einen Führerschein. Er war klug. Er spielte Football.

Ich holte tief Luft und ging in die Küche, wo Mama und Vern am Tisch saßen und aßen.

«Kann ich heut' abend ausgehen, Mama?»

«Wohin denn?»

«Ins Kino.»

«Mit wem?»

«Mit einem Jungen.»

Beide Köpfe fuhren in die Höhe.

«Was für ein Junge?» fragten sie gleichzeitig.

«Ich hab' ihn gestern abend kennengelernt.»

«Wie heißt er?» fragte Vern.

Ich antwortete nicht.

«Er hat einen blonden Bürstenschnitt, Mama.»

«Aber wer ist es denn?» fragte sie.

«Jesse Compton.»

«Wir kennen keine Comptons.»

«Er ist aus Big Lick.»

Mama und Vern schauten sich an.

«Wie ist er denn?» fragte sie.

«Ganz prima.»

«Wer ist sein Vater?» fragte Vern, aber ich antwortete wieder nicht.

«Mrs. Clevinger hat gesagt, daß sie mit seiner Mama zusammen aufgewachsen ist», sagte ich.

«Wer ist sein Vater?» wiederholte Vern.

«Weiß nicht», murmelte ich.

«Na, er wird doch wohl hereinkommen und sich uns wie ein Gentleman vorstellen», sagte Mama. «Oder will er etwa draußen sitzen bleiben und auf die Hupe drücken?»

«Ach Mama», sagte ich seufzend. «Klar wird er reinkommen!»

Da waren beide still.

«Du wirst ihn sicher nett finden, Mama», sagte ich.

«Hmm ...», war alles, was sie sagte.

Ich ging schnell in mein Zimmer zurück und hoffte, daß ihnen nicht noch etwas einfallen würde.

Ungefähr um sechs Uhr nahm ich ein Bad; eine halbe Stunde später saß ich wieder in meinem Zimmer, in den Bademantel gewickelt, als Vern plötzlich meine Tür aufriß und seinen kahlen Schädel reinsteckte. Er hatte einen komischen Ausdruck im Gesicht.

«Was willst du?» sagte ich und wickelte den Bademantel noch fester um mich.

«Ich wollte dir bloß sagen, du sollst dich gefälligst benehmen mit diesem Jungen heute abend.»

Mein Vulkan stand kurz vor dem Ausbruch.

«Wenn du nicht sofort aus meinem Zimmer rausgehst», zischte ich ihn an, «dann schrei' ich nach Mama.»

«Das ist nicht *dein* Zimmer!» zischte er zurück. «Ich habe alles in diesem Haus bezahlt, einschließlich diesen verdammten Hund!»

Er drehte sich um und schloß die Tür, ohne noch ein Wort zu sagen.

Ich mußte mich hinsetzen, weil ich so zitterte. Dieses fette alte Schwein war auf Jesse eifersüchtig. Ich ballte entschlossen die Fäuste. Er sollte mir meine Verabredung nicht verderben. Ich würde meinen Spaß haben. Ich saß da und nahm alle Kraft zusammen.

Ich zog meinen blau-grün karierten Rock an, meinen blauen Pullover mit der passenden Strickjacke, Mokassins und blaue Kniestrümpfe. Ich nahm meine Haare oben auf dem Kopf zu einem Pferdeschwanz zusammen und befeuchtete die Haare rund ums Gesicht, um kleine Löckchen zu legen. Dann trug ich ein bißchen Lippenstift auf und bog meine Wimpern mit der Wimpernschere hoch. Ich wollte die Jacke anziehen, auf die unser Orchesterzeichen gestickt war.

Also gut, dachte ich, als ich vor dem Spiegel stand und mich daran erinnerte, was mir Tante Evie damals gesagt hatte. Ich sollte nette Sachen zu mir selbst sagen. Du siehst gut aus, Tiny Lambert! Du siehst hübsch aus, und Jesse Compton wird sich heute abend fürchterlich in dich verlieben. Wie könnte er auch anders?

Dann probierte ich, wie ich lächeln und ihn begrüßen würde.

«Hallo Jesse! Du hast's also gefunden.»

Nein.

«Ach Jesse! Ist es schon halb acht?»

Nein.

«Grüß dich! Komm rein und sprich kurz mit meiner Mama.»

Ob Vern etwas Blödes zu Jesse sagen würde? Alles, was er sagen würde, wäre blöd. Vielleicht würde er einfach den Mund halten.

Ich nahm das Klebeband von meinen Löckchen, steckte den Geldbeutel ein und ging hinunter ins Wohnzimmer, wo Mama, Vern und die Kinder vor dem Fernseher saßen. Ich war nervös.

Ich setzte mich zwischen Mama und Luther.

Pampa, Pampa, das neue Shampoon.
Sanft und weich, trifft den richtigen Ton.
Sanft und weich? Ja, gnä' Frau.
Pampa, Pampa, das neue Shampoon.

Ob ich ihn allen vorstellen mußte?

«Du siehst hübsch aus, Tiny», unterbrach Mama meine Gedanken. «Deine Haare glänzen so, als hättest du Pampa benutzt.»

«Wo gehst du denn hin?» wollte Phyllis wissen.

Sie saß auf der anderen Couch an Vern gekuschelt und hatte die kalten, nackten Füße unter seine Schenkel gequetscht.

Ich antwortete ihr nicht.

«Mama, wo geht Tiny denn hin?» beharrte sie.

«Halt den Mund!» rief Beau.

Er wollte in Ruhe *Mit dem Gewehr um die Welt* anschauen.

«Tiny hat eine Verabredung», verkündete Vern, weil er wußte, daß ich gerade darüber nicht reden wollte.

Ich hätte ihn umbringen können.

«Eine Verabredung?»

«Tiny hat eine Verabredung?»

«Mit wem denn?»

«Wo gehst du denn hin?»

Ich stand auf und marschierte in die Küche. Phyllis folgte mir.

«Wer ist es denn, Tiny?»

«Warum ziehst du keine Schuhe an?» schrie ich sie an. Sie schaute verdattert auf ihre schmutzigen nackten Füße hinunter.

«Manchmal tut ihr alle, als wärt' ihr die letzten Hinterwäldler!» zischte ich.

«Wer ist es denn, Tiny?»

Ich wußte, daß Jesse genau in diesem Augenblick kommen würde, wo alle blöde Fragen stellten. Sie würden ihn anglotzen und kichern und sich albern benehmen. Ich war so nervös, daß ich mich nicht hinsetzen konnte. Ich begann, in der Küche auf- und abzugehen.

«Wer ist es denn, Tiny?» fragte Phyllis zum drittenmal.

«Du kennst ihn nicht.»

«Wie heißt er denn?»

«Jesse.»

«Das ist aber ein Mädchenname.»

«Ist es nicht, und sag bloß nicht so was Idiotisches zu ihm.»

«Und was ist mit Jessie Deal und Jessie Lou Looney?» fuhr sie fort. «Das sind doch auch Mädchen.»

«Und was ist mit Jesse James?» sagte ich. «Er ist ein Junge.»

«Wer ist denn Jesse James?»

Ach du meine Güte!

«Laß mich bloß in Ruhe, Phyllis.»

«Wie sieht er denn aus?»

«Ganz prima.»

«Ist er groß?»
«Nicht besonders.»
«Klein?»
«Nein, so mittel.»
«Dunkle oder blonde Haare?»

Jemand klopfte an die Eingangstür, und mein Herz machte einen Satz. Lieber Gott, laß bloß nicht Vern die Tür aufmachen. Aber ich hatte Glück. Phyllis, Luther und Beau stürzten gleichzeitig zur Tür und fielen übereinander, während Nessie zu bellen begann und im Kreis herumraste. Ich schloß die Augen.

«Wohnt hier Tiny Lambert?» hörte ich Jesses Stimme.

«Tiny!» riefen sie alle nach mir, obwohl ich schon längst da war.

«Hallo Jesse, komm rein, damit ich dir die andern vorstellen kann», sagte ich und merkte, wie mein Gesicht knallrot wurde.

Drei Paar blaue Augen starrten ihn an.

«Also diese drei kennst du jetzt schon», sagte ich. «Beau, Luther und Phyllis.»

Nessie bellte, und alle lachten.

«Ach ja, und das ist Nessie, richtig heißt sie Tennessee», sagte ich, und der Knoten in meinem Bauch begann sich zu lösen.

Ich schloß die Tür, nachdem Jesse hereingekommen war. Er hatte seine Football-Jacke an, sie war dunkelbraun und weiß.

Mama und Vern starrten ihn genauso an wie die Kinder. Ich stellte sie ihm vor. Mama sagte: «Hallo Jesse.»

Aber Vern saß schweigend da. Ich wollte so schnell wie möglich wegkommen von ihm.

«Wo geht ihr hin?» fragte Phyllis.

«Wahrscheinlich ins Kino», sagte Jesse und warf mir einen Blick zu.

«Ja, wahrscheinlich», sagte ich.

«Drinnen oder im Freien?» fragte Vern.

Er und seine schmutzigen Gedanken.

Aber Jesse verstand ihn nicht.

«Wie bitte?»

«Geht ihr in ein Drive-in-Kino?» fragte Vern.

«Es ist doch schon fast November, Vern», sagte ich scharf. «Die Drive-in-Kinos haben schon vor einem Monat geschlossen.»

Ich wandte mich rasch Jesse zu. «Gehn wir?»

«Ja, klar.»

Ich packte meine Orchesterjacke und meinen Geldbeutel.

«Hat mich gefreut, Sie kennenzulernen», sagte Jesse.

«Ja, uns hat's auch gefreut, Jesse», sagte Mama. «Tiny, vergiß nicht, daß du um elf zurück sein mußt.»

Wir waren draußen, und ich seufzte erleichtert auf. Wir schauten uns an und lächelten uns zu, während wir die Stufen hinuntergingen.

«Hallo», sagte ich.

«Selbst hallo.»

Das war nett.

Die Luft war klar und kühl und der Himmel vollkommen samtblau, und eine schmale Mondsichel wiegte sich auf einem Berggipfel.

«Du siehst hübsch aus», sagte er, und ich lächelte zu ihm hinauf.

Er hatte einen weißbraunen 57er-Chevrolet, der nur so blinkte. Ich fand ihn toll. Er öffnete die Tür für mich, und ich schlüpfte hinein. Ich spürte die Blicke der Kinder im Rücken, die uns aus dem Fenster nachschauten. Na, sollten sie doch. Er ging auf die Fahrerseite hinüber, stieg ein und startete den Motor. Er hatte ein automatisches Getriebe.

«Tolles Auto, Jesse.»

«Es gehört meinem Daddy, aber ich fahr' die ganze Zeit. Ich darf, solange ich gut drauf aufpasse, und das tu ich.»

Wir fuhren den Weg rückwärts hinunter und dann in Richtung Hauptstraße. Wir redeten über die Football-Saison, die in der Woche zuvor zu Ende gegangen war. Black Gap und Big Lick hatten beide viel Erfolg gehabt. Gewöhnlich schlagen wir Big Lick, aber diesmal hatten sie uns geschlagen.

«Ihr habt uns fertiggemacht», sagte ich. «Es war ein gutes Spiel.»

«Aber bis zum letzten Quartal haben sie dann wieder aufgeholt.

Du, ich erinnere mich an das Orchester. Ihr wart wirklich gut. Hast du nicht *Dixie* gespielt?»

«Doch.»

«Und *Der Herr erringt den Sieg*?»

«Jaja, die Nationalhymne.»

Er tastete nach meiner Hand, und ich half ihm dabei.

«Komm ein bißchen näher», sagte er, und ich rutschte über den breiten Sitz an seine Seite.

«Ich hab' den ganzen Tag an dich gedacht», sagte er. «Ich konnte gar nicht schlafen, obwohl ich die ganze Nacht aufgewesen war.»

«Ich hab' auch an dich gedacht.»

«Hast du dir gewünscht, daß ich anrufe?»

«Klar.»

Dann schauten wir uns an und lächelten.

Es war kalt, und Jesse stellte die Heizung an. Bald rollten wir die Hauptstraße hinunter, und das war sie nun, unsere Samstagabend-Verabredung in Black Gap.

Der Film lief im *Regal.* Es gab noch ein anderes Kino in der Stadt, aber am Samstag ging keiner dorthin. Es war klar, daß man nur ins *Regal* gehen konnte. Es war irgendein Film mit Jane Powell oder Dick Powell – ich weiß gar nicht mehr, wer von beiden. Wir kauften uns Snacks und gingen dann auf die Galerie hinauf. Alle Insider, die ich kannte, waren da. Sie begrüßten mich lautstark. Manche von ihnen kannten Jesse und begrüßten ihn auch. Ich war stolz, mit ihm gesehen zu werden.

Das Licht war gedämpft dort oben, und in der Luft lag der typische Theatergeruch – Popcorn und viele Menschen –, und am Boden klebten alle möglichen Essensreste von den letzten Samstagabenden. Wir fanden zwei Plätze am Geländer und ließen uns mit unseren ganzen Sachen nieder.

Noch bevor der Vorfilm zu Ende war, hörte ich meinen Namen rufen und sah Rosemary und Roy. Wir machten einen ganz schönen Wirbel, bis sie endlich neben uns saßen, und ich stellte alle einander vor. Rosemary stupste mich an und flüsterte: «Der ist aber süß!»

Der Vorfilm endete, und die Wochenschau fing an. Jesse nahm meine Hand, und wir lehnten uns Schulter an Schulter. Als der Film zu Ende war, klebten unsere Hände vor Schweiß.

«Kommt mit uns in die *CAR-feteria*», sagte Rosemary. «Alle sind dort.»

«Warum kommt ihr nicht mit uns?» sagte Jesse.

Ja, dachte ich, das wäre besser, weil ich wollte, daß sie mich mit Jesse in seinem Chevy sahen.

Roy und Rosemary waren einverstanden.

Man wußte immer, wann das *Regal* am Samstagabend schloß, weil dann eine dichte Reihe von Autos die Hauptstraße zum Drive-in-Restaurant hinunterrollte. Die *CAR-feteria* war außerhalb der Stadt auf einem großen Gelände an der Straße, so daß es viele Parkplätze und eine Menge freien Platz gab, um zwischen den parkenden Autos hin und her zu fahren. Und das taten alle samstags abends ausgiebig. Man fuhr im Auto auf und ab, wie man im Schulhof auf und ab ging, um die anderen zu sehen.

Wir bestellten Hot Dogs ohne Zwiebeln und Cherry Coke. Roy bestellte eine riesige saure Gurke, nur um aufzufallen.

Und dann tauchte plötzlich Connie Collins neben uns auf mit einem der Owens-Jungens; sie saßen in einem neuen Lincoln mit Kontinentalausstattung. Und sie hatte eine schwarze Lammfelljacke an. Mußte sie denn immer alle in allem übertreffen?

«Hallo, Connie!» rief Rosemary ihr süßlich zu.

Connie grinste breit, so daß man alle Zähne sah. Wir winkten ihr zu.

Sie schaute Jesse an, und er schaute sie an, als hätten beide noch nie ein Wesen vom anderen Geschlecht gesehen.

«Ich kann sie nicht ausstehen», sagten Rosemary und ich gleichzeitig, aber wir lächelten immer noch.

«Wen?» sagte Jesse.

«Connie Collins», sagte Roy. «Die Blonde im Lincoln.»

«Oh», sagte Jesse. «Ich hab' bloß die Kontinentalausstattung bewundert.»

«Natürlich!» neckten wir ihn.

«Wirklich!» sagte er. «Die hübschesten Mädchen des heutigen Abends sitzen in meinem Auto!»

Und er drückte meine Hand.

Unsere Hot Dogs kamen, und ich kann mich nicht mehr erinnern, ob meiner gut schmeckte oder nicht. Es war auch egal. Wir hatten unseren Spaß, und nichts konnte ihn verderben. Roy reichte seine komische Gurke herum, und jeder mußte einmal abbeißen. Wir lachten, bis uns der Bauch weh tat.

Später fuhr Jesse mich heim, und wir schwiegen die ganze Zeit über. Ich dachte, hoffentlich hört diese Nacht nie auf. Ich werde mich an alles erinnern, an die Galerie und Roy und Rosemary und die *CAR-feteria* und diese saure Gurke und wie alles schmeckte und wie der Lack des Chevrolets im Licht glitzerte und wie Jesse sagte, daß ich hübsch sei, und meine Hand hielt. Und ich werde mir alles merken, was er gesagt hat und es zu Hause aufschreiben. Denn das ist der Anfang von «und von da an lebten sie glücklich und in Freuden», und ich wollte kein bißchen davon vergessen.

Wir saßen im Chevrolet auf dem kleinen Feldweg, der den Hügel zu meinem Haus hinaufführte, und schauten in den Nachthimmel und schwiegen. Es muß ungefähr fünf Minuten vor elf gewesen sein. Alle Lichter in unserem Haus waren aus, außer dem Licht im Wohnzimmer, wo Mama bestimmt die letzten Minuten des Fernsehprogramms anschaute; und natürlich brannte das Licht auf der Veranda. Darauf hatte Vern bestimmt geachtet.

«Ich muß reingehen», sagte ich schließlich.

Jesse stieg aus, kam auf meine Seite herüber und half mir aus dem Auto, genau wie im Film. Dann legte er den Arm um mich, und so gingen wir die Stufen hinauf. Auf der obersten Stufe genau unter der Außenlampe küßte er mich.

«Ich ruf' dich morgen an», flüsterte er.

Und dann ging er.

Ich schwebte ins Haus.

Oh … ooh …

19

Jesse rief am nächsten Tag an, und wir fuhren am Fluß entlang. Ich hörte auch am Montag, am Dienstag und in der ganzen restlichen Woche seine Stimme, aber erst am Freitag sah ich ihn wieder. Inzwischen konnte ich mir sein Gesicht schon nicht mehr vorstellen, aber als er am Freitag abend vor der Tür stand, war alles wieder da: sein besonderer Geruch, die Art, wie er mich ansah, seine Angewohnheit, den Kopf ein wenig schief zu halten, wenn er mich neckte.

An diesem Abend gingen wir zum Süßigkeitenladen in der Schule, den die Eltern der Orchestermitglieder finanzierten. Ich trug meine schwarzen Hosen und meinen weißen Banlon-Pullover, der am Rücken geknöpft war. Das war Mode. Jesse trug eine Cordsamthose. Wir waren fast das ganze Wochenende zusammen, und es verging wie im Fluge. Ich konnte gar nicht alles aufschreiben oder mich daran erinnern. Ich wünschte mir, daß alles langsamer ginge, damit ich ein bißchen länger dabei verweilen könnte und darüber nachdenken, während es geschah. Aber es war keine Zeit, um irgend etwas festzuhalten oder darüber nachzudenken, und im Laufe der Wochen lernte ich, ganz im Augenblick zu leben, jeden Augenblick mehr zu schätzen als irgendeinen anderen, und ihn dann vorbeigehen zu lassen und in den nächsten zu stürzen.

Manchmal saßen wir in seinem Auto und küßten uns, bis uns die Lippen weh taten und wir keine Luft mehr bekamen. Dann sagte Jesse manchmal: «Ich wollte, wir wären verheiratet.»

Und ich sagte dann: «Ich auch.»

Aber wir taten nichts dergleichen. Wir sprachen nur davon und von der glänzenden Zukunft, die sich vor uns ausbreitete. Jesse wollte bei seinem Vater in der Schweißerei arbeiten, und eines Tages würden wir heiraten. Wir würden bei seiner Familie leben, bis wir uns unser Traumhaus bauen konnten. Dann würden wir Kinder haben ... und sie würden erwachsen werden und selber Kinder haben ... und wir würden Großeltern werden ... irgendwann einmal ...

Manchmal, wenn wir uns in Jesses Auto in der Einfahrt küßten, sah ich Vern am Fenster. Ich war überwältigt vor Schamgefühl und wünschte, er möge einfach tot umfallen oder irgendwie aus meinem Leben verschwinden. Ich schwor mir, es niemals, niemals jemandem zu sagen. Ich würde sterben, wenn Jesse herausbekam, was Vern mit mir gemacht hatte. Es wäre das Schrecklichste auf der Welt, wenn Jesse es herausbekam.

Dann versuchte ich, es zu vergessen und aus meinen Gedanken zu verbannen. Aber zwei- oder dreimal wachte ich nachts in panischer Angst auf. Ich hatte geträumt, aber ich konnte mich nicht erinnern, was es gewesen war.

«Ich will es vergessen», sagte ich mir. «Ich werde es nie jemandem sagen – niemals. Und ich werde es vergessen. Dann ist es so, als wäre es nie passiert.»

An Weihnachten gab mir Jesse seinen Klassenring, und ich trug ihn an einem Kettchen um den Hals. Das bedeutete, daß wir fest miteinander gingen. Zu dieser Zeit beschloß Mama, sich wie eine richtige Mutter zu verhalten und ein Wörtchen mit mir zu sprechen. Es war das übliche Gerede von «alle Jungen wollen nur das eine». Ich hatte es von jeder Frau, die ich kannte, tausendmal gehört. Ich tat so, als würde ich mir alles anhören und ihrer Meinung sein. Die ganze Zeit dachte ich an Mama und Ernest Bevins oben auf dem Ruby Mountain, wie sie mich zeugten. Am Schluß mußte ich ihr versprechen, nichts zu tun, was ich bereuen würde, und nicht so viel mit Jesse allein zu sein, weil es Vern beunruhigte. Sie sagte, er wäre wirklich besorgt, ich könnte Schwierigkeiten bekommen. Das hätte es am allerwenigsten gebraucht. Es machte mich wahnsinnig.

«Das geht ihn nichts an!» sagte ich wütend.

«Natürlich geht es ihn was an», sagte Mama. «Er hat keine Lust, noch ein hungriges Maul mehr zu stopfen, genausowenig wie ich.»

Ich seufzte tief und sagte: «Mama, hab doch ein bißchen Vertrauen. Ich werd' schon nicht in Schwierigkeiten kommen.»

«Kein Mädchen hat vor, in Schwierigkeiten zu kommen», fuhr sie fort. «Aber mir ist es auch einfach so passiert.»

Sie hatte ihre Pflicht getan.

Wenn ich nicht in der Schule oder mit Jesse zusammen war, war ich bei Tante Evie. Sie war so neugierig wie ein junges Mädchen und wollte alles über mich und Jesse hören. Ich konnte alles, was ich wollte, von ihm erzählen, und sie hörte aufmerksam zu. Sie kicherte und träumte mit mir und schmiedete gemeinsam mit mir Pläne.

Obwohl Bobby Lynn und Cecil sich oft trafen, war nichts Ernstes zwischen ihnen. Sie hatten beide auch Verabredungen mit anderen, aber Rosemary und Roy klebten zusammen wie Pech und Schwefel. Sie wollten am Tag nach dem Schulabschluß heiraten. Roy hatte vor, zusammen mit seinem Vater und seinen Brüdern im Bergwerk zu arbeiten.

Ungefähr zu dieser Zeit, Anfang 1959, fing Mama an, zusammen mit Dixie Leute im Krankenhaus zu besuchen. Sie gingen einoder zweimal in der Woche hin, und die Kleinen gingen mit, um sich im Aufzug zu vergnügen. Es war der einzige in der Stadt, und sie fuhren immerzu hinauf und hinunter, bis jemand es ihnen verbot. Wenn nach der Schule alle weg waren, rannte ich nach Hause, zog mich um, aß eine Kleinigkeit und ging hinauf zu Tante Evie, bevor Vern von der Arbeit heimkam. Ich blieb bei ihr, bis Mama nach Hause kam. Dann sah ich eines Nachmittags Mitte März, als ich aus dem Bus stieg, den Lieferwagen auf seinem üblichen Platz stehen. Ich wußte, daß Mama und die Kleinen weg waren, und ich konnte mir nicht vorstellen, warum Vern so früh zurück sein sollte. Aber ich beschloß, sofort zu Tante Evie zu gehen. Ich bog gerade um die Hausecke, am Küchenfenster vorbei, das ein Stück offenstand, als ich eine Stimme aus dem Inneren des Hauses hörte. Vern sprach so laut, daß ich es nicht überhören konnte.

«Schau mal, Nessie, Tiny geht hinauf zu Tante Evie. Ihr ist es gleich, ob dir was passiert oder nicht.»

Ich blieb wie angewurzelt stehen. Würde er Nessie wirklich etwas antun? Ich stellte mir vor, wie er sie mit seinem Gürtel schlug oder trat oder ... Zögernd ging ich in die Küche, aber er war nicht mehr da. Einen Augenblick stand ich reglos da.

Dann rief ich: «Nessie, komm her, Nessie!»

Aber sie kam nicht. Ich dachte, er hält sie bestimmt fest, sonst wäre sie längst gekommen. Langsam ging ich zur Wohnzimmertür. Vern saß vor dem Fernseher und hielt Nessie am Halsband fest.

«Komm rein, Tiny!» sagte er. «Ich will nicht, daß du Angst vor mir hast.»

«Ich hab' keine Angst. Aber du sollst Nessie loslassen.»

«Komm her und setz dich neben mich. Ich rühr' dich nicht an.»

«Laß Nessie los.»

«Komm her, dann laß ich sie los.»

Neben der Eingangstür fühlte ich mich sicher. Wenn ich weiter reinging, konnte ich vielleicht nicht mehr zur Tür flüchten.

«Vern, wenn du Nessie losläßt, komm' ich rein und setz' mich zu dir.»

«Komm jetzt her. Komm her, ich will mit dir reden. Ich will nicht, daß du Angst vor mir hast.»

«Ich will hier stehenbleiben.»

«Komm her. Ich werd' dich nicht anrühren. Ehrenwort.»

Langsam ging ich hinein und setzte mich auf die Couchkante. Der Geruch von Whisky hing in der Luft. Nessie wollte zu mir, und Vern ließ sie los. Ich streichelte sie und schielte zur Tür.

«Ich wollte nicht, daß du sauer auf mich bist», sagte Vern ernsthaft, und einen Augenblick lang glaubte ich, er wolle sich entschuldigen. «Ich hätte viel netter zu dir sein sollen.»

Ich sagte nichts. Ich wollte ihm noch eine Minute Zeit lassen und dann hinausrennen.

«Du weißt, daß ich dich liebe, Tiny. Das ist der einzige Grund, warum ich's getan habe. Glaubst du mir das nicht?»

Die Stimme versagte mir, und ich hatte das Gefühl, ich müsse mich übergeben.

Schweigen breitete sich zwischen uns aus. Sein Atem ging keuchend. Im Fernsehen fragte Jack Bailey: «Möchten Sie die Königin des Tages sein?»

«Ist es besser mit Jesse?» fragte Vern.

Ich stand auf und packte Nessie am Halsband.

«Bleib da!» sagte Vern und packte mich an der Taille.

Sein Griff war stählern.

«Vern ... bitte.»

Ich war kurz davor, in Panik auszubrechen.

Und dann geschah das Wunder. Es klopfte an der Eingangstür, und ich hörte Cecils Stimme.

«Hallo, Tiny! Bist du zu Hause?»

«Komm rein, Cecil!» rief ich laut. «Ich bin hier im Wohnzimmer.»

Vern ließ mich los, als Cecil in den Flur trat. Ich ging unsicher auf die Wohnzimmertür zu, während Cecil hereinkam.

«Hallo Tiny.»

«Hallo Cecil.»

Er sah zwischen Vern und mir hin und her.

«Bobby Lynn hat mich grade wegen des Talentwettbewerbs angerufen ... Ist was?»

«Alles in Ordnung. Gehn wir spazieren. Komm Nessie, los, mein Mädchen.»

Vern saß schweigend da, während ich mit Cecil hinausging.

«Was ist denn nur los?» fragte Cecil, während wir den Hügel hinabgingen.

«Wieso?»

«Du siehst so komisch aus.»

Cecil blieb stehen und schaute mit gerunzelter Stirn auf mich herunter. Ich merkte in diesem Augenblick, wie gut er aussah, wie er da so als Silhouette gegen den Himmel vor mir stand. Seit wann sah Cecil so gut aus?

«Was ist denn los?» wiederholte er.

«Nichts.»

Er fragte nicht weiter, und ich war froh.

«Laß uns ein Stückchen die Straße raufgehen», sagte ich. «Okay?»

«Klar.»

Wir gingen den Feldweg hinauf und stießen Steine mit den Füßen vor uns her. Die Luft roch gut, aber es blies ein Wind, und ich schauerte. Cecil sah mich immer wieder mit verwundertem Ausdruck an. Eigentlich müßte ihm kalt sein, dachte ich. Ich hatte immer noch meine Orchesterjacke an, aber er war nur in Hemdsärmeln.

«Es tut mir leid, Cecil. Ich hab's gar nicht gemerkt, dir ist doch sicher kalt.»

«Kein bißchen.»

«Was ist denn mit dem Talentwettbewerb?» fragte ich.

«Sie haben ihn auf April verlegt. Weil es so eine große Sache wird, wollen sie nicht, daß er zu kurz vor dem Schönheitswettbewerb im Mai stattfindet.»

«Das ist gut.»

«Bobby Lynn wollte, daß ich mit dir spreche. Sie glaubt, daß du große Chancen hast zu gewinnen. Sie möchte dich auf dem Klavier begleiten.»

Vielleicht würde ich dieses Jahr beim Talentwettbewerb mitmachen und gewinnen. Das war es, was ich tun mußte.

«Will Bobby Lynn jodeln?»

«Nein, sie kann diesmal nicht mitmachen. Sie will, daß du gewinnst. Und ich will's auch.»

«Danke, Cecil.»

«Der Schmuckladen hat eine Elgin-Uhr mit siebzehn Steinen ausgesetzt, und das Warenhaus einen Geschenkgutschein. Das Bergwerksrestaurant spendet ein Abendessen für vier Personen.»

Wir sahen einander an.

«Wenn du gewinnst, kannst du also vier Leute raussuchen, die du nicht magst, und sie zum Essen hinschicken.»

Wir lachten.

«Sagst du mir jetzt, was los ist?»

«Nichts ist los, Cecil.»

«Na gut, wenn du's sagst.»

«Ich mach's, Cecil. Ich meine, ich werd' beim Talentwettbewerb mitmachen.»

«Gut. Dann wird mich Bobby Lynn jetzt in Ruhe lassen.»

Ich blieb mit Cecil zusammen, bis Mama und die Kleinen bei Einbruch der Dunkelheit heimkamen, und er stellte mir keine Fragen mehr.

Am nächsten Tag meldete ich mich für den Talentwettbewerb an, und Bobby Lynn und ich begannen ernsthaft zu proben. Vern redete nach diesem Tag wenig mit mir, und das war mir nur recht, und ich sagte überhaupt nichts mehr zu ihm, wie ich es sowieso die letzte Zeit gehalten hatte. Trotzdem starrte er mich die ganze Zeit an. Ich spürte seinen Blick, wenn ich vor dem Fernseher saß oder Geschirr spülte. Manchmal, wenn ich draußen war, sah ich ihn am Fenster stehen. Dann bekam ich immer eine Gänsehaut.

Jeden Morgen wurde im Radio durchgegeben, welche Preise zusätzlich für die Gewinner des Talentwettbewerbs gespendet worden waren. Das A & P trug einen großen Geschenkgutschein bei, und der Style Shoppe Kleider im Wert von fünfzig Dollar. Der Ford-Händler spendete zwei Paar Autoreifen, die Kaufhalle ein Kofferset, der Elektroladen einen Radioapparat, und so weiter und so weiter.

Im Orchesterraum stand ein Klavier, und an dem übten Bobby Lynn und ich jeden Mittag, was Mr. Gillespie schließlich doch Eindruck machte. Als er mich zum erstenmal singen hörte, ließ er seine Sachen auf dem Schreibtisch liegen, kam herüber, stellte sich neben das Klavier und hörte zu. Er machte mich so nervös, daß mir der Text nicht mehr einfiel. Nachdem er mir gesagt hatte, wie gut ich war, ließ er mich die ganze Tonleiter rauf- und runtersingen, um die richtige Tonhöhe zu finden, und andere technische Übungen machen.

«Wir müssen üben», sagte Bobby Lynn zu ihm.

«Natürlich», sagte er. «Aber später, Tiny, nach dem Talentwettbewerb, möchte ich, daß du zu mir kommst, damit ich dir Atemtechnik beibringen kann.»

Mir schien, ich wüßte ganz gut, wie man atmet.

«Und ich möchte mit euch beiden über diese Schule in North Carolina sprechen.»

Schon wieder. Immer wieder fing er mit diesem College an, das seine Frau besucht hatte.

Bobby Lynn und ich wählten ein schnelles und ein langsames Lied aus, *Lippenstift auf deinem Kragen* und *Über dem Regenbogen.* Bobby Lynn war beinahe so aufgeregt wie ich, und als Jesse und ich uns mit ihr und Cecil am Samstag abend gemeinsam trafen, redete sie die ganze Zeit nur über den Talentwettbewerb und davon, daß ich ganz bestimmt gewinnen würde. Ich fing langsam selber an, daran zu glauben.

«Wenn sie nur halb so gut singt wie an dem Abend, als ich sie kennengelernt habe, gewinnt sie», sagte Jesse. «Nicht wahr, Pfirsichblüte?»

Pfirsichblüte? Wie närrisch die Liebe doch macht.

Connie Collins beeindruckte mich immer mehr, wenn ich ihr manchmal nach der Schule beim Üben zuschaute. Niemand konnte leugnen, daß sie eine gute Tänzerin war – eine zu gute. Die Angst begann an mir zu nagen. Was war, wenn sie mich besiegte?

Bobby Lynn half mir, das hübscheste und übrigens auch teuerste Kleid auszusuchen, das ich je gehabt hatte. Es war königsblau, hatte Ärmel, die bis zum Ellbogen reichten und leicht gebauscht waren, und einen engen Rock, der unterhalb der Knie endete.

Und dann war auch schon der große Abend da. Ich stand hinter den Kulissen und spähte durch den Vorhang hindurch ins Publikum. Da saßen Mama und Phyllis gleich in der ersten Reihe neben Roy und Rosemary, Cecil und Jesse.

Während ich Willard Newberry zusah, wie er Gitarre spielte und sich durch *Reiter am Himmel* hindurchquälte, fand ich es komisch, daß ich überhaupt nichts fühlte – keine Aufregung oder Nervosität, und auch sonst nichts. Vielleicht stand ich unter Schockwirkung. Dann war Willards Auftritt vorbei, und ich ging hinaus auf die Bühne und schaute über das Meer erwartungsvoller Gesichter. Hunderte von Augen waren auf mich gerichtet, Hunderte von Ohren bereit zu lauschen, Hunderte von Gehirnen mit der Tatsache beschäftigt, daß Tiny Lambert auf der Bühne stand und gleich zu singen anfangen würde. In Hunderten von Köpfen war die Frage: «Kann Tiny Lambert singen?» «Wird sich Tiny Lambert fürchterlich blamieren?»

Und ein richtiges, eiskaltes Angstmonster packte mich so fest an der Taille, daß es mir fast den Atem nahm und auf meinem Herzen trommelte wie auf einer Kesselpauke.

Das Scheinwerferlicht wurde schwächer gestellt. Eine tödliche Stille senkte sich über das Auditorium, und Bobby Lynn spielte ein erschreckend kurzes Vorspiel zu *Über dem Regenbogen.* Ich stand starr. Sie spielte es noch einmal.

Ich öffnete den Mund, aber die Lippen klebten an meinen Zähnen, als wäre meine ganze Spucke verdampft. Dann hörte ich ein winziges Quietschen, das aus meinem Hals drang.

«Irgend ... wo ...»

Das war alles.

Bobby Lynn versuchte es nochmal mit dem Vorspiel.

«Irgend ... wo ...» krächzte die piepsige Stimme noch einmal.

Wie viele Stunden verbrachte ich wohl damit, das Wort «über» rauszubringen? Oder hatte es nur eine Minute gedauert, bis irgendeine gütige Seele den Vorhang fallen ließ? Geschlagen verließ ich die Bühne.

In diesem Jahr gewann Connie Collins den Talentwettbewerb.

20

«Ich glaube, du solltest sie ein paar Zentimeter abschneiden», sagte Rosemary zu mir, als wir über meine Haare redeten.

Wir lagen in den Gänseblümchen oben auf dem Ruby Mountain neben der Quelle. Es war ein Tag … also, es war der himmlischste Frühlingssonntag, den man sich vorstellen kann.

«Und du solltest dir Locken machen.»

«Und was ist mit dem Pferdeschwanz? Bin ich zu alt dafür?»

«In zwei Wochen ja.»

In zwei Wochen würde ich siebzehn werden.

«Und jetzt?» fragte ich.

«Du bist immer noch süße sechzehn!» sagte sie und lachte.

Es war zwei Wochen nach der Katastrophe. Keiner, nicht einmal ich selbst, durfte von «diesem Abend» sprechen.

«Ich werd' sie schneiden lassen, wenn ich offiziell Oberschülerin bin, und dann nie mehr einen Pferdeschwanz tragen», erklärte ich.

Rosemary machte als erstes Mädchen aus unserer Gruppe den Führerschein. An diesem Tag durfte sie den Lieferwagen ihres Vaters haben, und da wir nicht wußten, wohin wir fahren sollten, beschloß ich, ihr den Ruby Mountain zu zeigen.

Wir saßen an der Quelle, und ich tauchte die Finger in das eiskalte Wasser und spritzte es der armen Nessie ins Gesicht. Sie sprang auf, schüttelte den Kopf und legte sich wieder auf die Erde.

«Warum sie sich wohl nirgends anders hinlegt?» fragte Rosemary.

«Ja, komisch, nicht?» stimmte ich zu.

Es war das erste Mal, daß ich mit Rosemary allein war, soweit ich mich erinnern konnte. Sonst waren immer andere dabeigewesen.

«Sie ist halt ein Dummerchen», sagte ich und spritzte Nessie wieder an.

Diesmal stand sie auf, ging weg und legte sich ungefähr einen Meter entfernt in die Sonne. Wir lachten. Wir hatten nur Shorts und trägerlose Oberteile an, weil wir braun werden wollten.

«Na, wie viele Monate, Wochen, Stunden dauert's noch, bis du heiratest, Rosemary?»

Rosemary schob eine dunkle Strähne beiseite, die ihr ins Gesicht gefallen war, und murmelte: «Weiß nicht. Hab' nicht mitgezählt.»

«Was ist denn los, Rosemary?»

«Nichts.»

«Aber du hast doch noch vor, Roy zu heiraten, oder?»

«Na klar! Wir lieben uns. Was denn sonst?»

«Ja, was denn sonst?» sagte ich.

«Es ist wegen dem College», sagte Rosemary.

Ich dachte, ich hätte nicht richtig gehört.

«Schon wieder?»

«Na ja, Mr. Gillespie redet immer von dieser Schule in North Carolina, wo sie so viel Musikunterricht haben. Und manchmal ...»

Sie machte eine Pause, ihr Blick schweifte in die Ferne, zu den Bergen.

«Manchmal denke ich, ich würde vielleicht, nur vielleicht natürlich, gern ins College gehen, selbst wenn's nur für ein Jahr wär', weißt du, einfach um zu sehen, wie es ist.»

«Ins College?»

«Na ja, ins College. Du weißt doch, da wo die Leute hingehen, um immer schlauer zu werden.»

«Ich weiß schon, was ein College ist. Die Kinder aus der Stadt gehen hin.»

«Soll das heißen, daß wir nicht hingehen können, Tiny, weil wir nicht in der Stadt wohnen?»

«Nein.»

Rosemarys Eltern hatten den Laden und konnten es sich wahrscheinlich leisten, sie in die Schule zu schicken, wenn sie wollten. Aber ihre Familie war wie meine. Keiner von ihnen war je ins College gegangen.

«Wozu denn?» fragte ich.

«Was soll das heißen, wozu denn? Um eine richtige Ausbildung zu kriegen, dazu!»

«Und dann?»

«Na, dann heirate ich Roy.»

«Aha.»

«Ich weiß, daß es verrückt ist.» Rosemary lachte über sich selbst. «In Wirklichkeit geh' ich ja gar nicht hin. Es macht mir nur Spaß, drüber nachzudenken.» Sie ließ sich auf den Rücken rollen und schaute zum Himmel hinauf.

Ins College? dachte ich. Darüber hatte ich nie nachgedacht, weil ich wußte, daß es für mich überhaupt nicht in Frage kam. Ich wußte immer, daß ich die Oberschule besuchen und dann heiraten und Kinder kriegen würde, weil das die Mädchen so machen. Und jetzt, wo ich in Jesse verliebt war, wußte ich, daß ich es auch wirklich wollte.

«Was willst du denn studieren?» fragte ich.

«Musik», antwortete sie, ohne zu zögern. «Und wenn ich fertig bin, hätte ich gern eine Stelle wie die von Mr. Gillespie. Das würde mir Spaß machen.»

«Ja, das glaube ich auch. Warum machst du's dann nicht, Rosemary?»

«Ach, ich red' nur so, Tiny. Ich will doch Roy heiraten. Ich glaube, er hält's nicht mehr länger aus ... ohne, weißt du.»

Wir kicherten.

«Ich möchte heiraten, Rosemary», sagte ich. «Ich wollte nie was anderes. Ich weiß einfach, daß ich mit Jesse glücklich sein werde.»

«Ich find's schön hier mit dir ohne jemand anderen», sagte sie. «Ich kann mich gar nicht erinnern, wann ich mal einen Sonntag ohne Roy verbracht habe.»

«Wo ist denn Roy überhaupt?»

«Er hilft seinem Vater, irgendeine Maschine zu überholen oder so was. Wo ist denn Jesse?»

«Er hat seine Mutter nach Honaker gefahren, wo sie ihre Verwandten besucht.»

«Warum bist du nicht mitgefahren, Tiny?»

Das hatte ich mich selbst gefragt.

«Er hat mich nicht drum gebeten. Komisch, was?»

«Sei doch froh. Nichts ist langweiliger, als rumzusitzen und zuzuhören, wie Verwandte über andere Verwandte reden, von denen du keinen kennst.»

«Ich weiß. Ich bin froh, daß du vorbeigekommen bist. Das macht mir viel mehr Spaß.»

Ich legte mich zurück ins Gras, schloß die Augen und ließ mir die Sonne auf Gesicht und Hals scheinen. Es war wie eine Liebkosung, sanft und warm. Ich liebte diesen Platz über alles.

«Ich wollte, ich hätte ein Auto», sagte Rosemary. «Ganz für mich allein.»

«Ich auch. Wußtest du, daß Mrs. Clevinger ihren Henry J verkaufen will?»

«Ach wirklich?»

«Ja, sie hat sich in einen 57er-Plymouth Fury in burgunderrot und weiß verliebt.»

«Wieviel will sie denn für den Henry J?» fragte Rosemary.

«Dreihundert.»

«Das ist nicht viel. Aber Daddy kauft ihn mir bestimmt trotzdem nicht.»

«Weißt du was …?» Ich setzte mich rasch auf, weil mir eine Idee durch den Kopf schoß. «Wir könnten ihn zusammen kaufen, du, ich und Bobby Lynn. Ich bin sicher, daß sie Lust drauf hätte.»

«Ich hab' aber keine hundert Dollar, Tiny. Du etwa?»

«Noch nicht. Aber die Erdbeeren sind bald reif. Ich könnte in ein paar Wochen leicht hundert beisammen haben.»

Rosemary strahlte.

«Kann ich dir beim Pflücken helfen?»

«Klar! Es ist genug für alle da. Auch für Bobby Lynn. Und dann haben wir unsere dreihundert Dollar.»

«Tiny, du bist genial! Können wir wirklich so viel mit Erdbeerenpflücken verdienen?»

«Wir können so viel verdienen, wie wir zu pflücken schaffen», sagte ich. «Neben der Schule meine ich.»

«Dann gehen wir jeden Tag nach der Schule und am Wochenende hier rauf.»

Plötzlich machte Rosemary ein komisches Gesicht und betrachtete das Holzhaus.

«Wie sieht's da drin aus?» fragte sie.

«In dem Haus? Es ist in Ordnung. Es ist halt klein.»

«Gibt's Möbel?»

«Ja, es ist alles so, wie Großpapa es hinterlassen hat.»

«Sind auch Betten drin?»

«Ja, zwei. Woran denkst du?»

«Wir könnten hier raufkommen und die Erdbeersaison über hier wohnen.»

«Meinst du das im Ernst?»

«Klar mein' ich das im Ernst. Denk dir mal, wie lustig wir's haben könnten – nur wir drei.»

«Und was ist mit der Schule?»

«In die Schule können wir ja gehen. Daddy kann den Studebaker fahren, und ich leih' mir seinen Lieferwagen. Er gibt ihn mir bestimmt – um hier rauf und in die Schule zu fahren.»

«Und wir könnten Essen von zu Hause mitnehmen», sagte ich. «Und hier haben wir Wasser. Aber es gibt keinen Strom, Rosemary. Kein Licht.»

«Licht brauchen wir doch nicht. Wir werden viel zu müde sein, um noch aufzubleiben, wenn es dunkel ist.»

«O ja, das machen wir!»

Wir sprangen auf und fielen uns vor Begeisterung in die Arme.

Dann gingen wir in das Holzhaus. Es war alles vorhanden, was wir brauchten, um ein paar Wochen dort zu leben. Ein Kohlenofen zum Kochen, Betten, Teller, Töpfe und Pfannen, ein paar kleine Möbelstücke und eine Außentoilette. Begeistert fuhren wir den Berg wieder hinunter. Zuerst mußten wir Mama fragen. Sie machte sich gerade fertig, um ins Krankenhaus zu gehen, und interessierte sich kaum für etwas anderes.

«Warum nicht», war alles, was sie sagte, während sie aus dem Fenster sah und nach Dixies Auto Ausschau hielt.

Vern sagte: «Solang nach Einbruch der Dunkelheit keine Jungens dort sind.»

Ich stöhnte innerlich und wich seinem Blick aus.

«Hast du mir zugehört, Kleines?» fragte er.

«Hab' ich.»

«Keine Jungens nach Einbruch der Dunkelheit», wiederholte er.

Ich fragte mich, wie er es nachprüfen wollte, ob wir nach Einbruch der Dunkelheit Jungens oben hatten oder nicht.

«Ich komm' nachsehen», sagte er, als könne er meine Gedanken lesen. «Und wenn ich abends einen Jungen dort erwische, ist's aus.»

Rosemary und ich warfen uns einen Blick zu und zuckten die Schultern. Uns ging es ja schließlich darum, so viele Erdbeeren wie möglich zu pflücken.

«Mir ist es recht», sagte sie.

«Mir auch», sagte ich. «Natürlich.»

Dann riefen wir Rosemarys Mutter an, die uns alles mögliche fragte, aber schließlich doch ja sagte.

Dann riefen wir Bobby Lynn an, die sehr aufgeregt war, und natürlich sagte Mrs. Clevinger: «Ja gerne!», weil sie uns den Henry J verkaufen wollte.

Und so standen Rosemary, Bobby Lynn und ich auf dem Ruby Mountain, sobald die erste Erdbeere sich rötete, und betrachteten die Felder. Und dann rannten wir wie wild darum herum.

Um ehrlich zu sein, fanden wir in der ersten Woche nicht gerade viele Erdbeeren. Sie waren noch nicht reif, aber wir hatten trotzdem unseren Spaß. Wenn wir nach der Schule die paar Beeren, die schon reif waren, gepflückt hatten, brachten wir sie zu Mama hinunter, und sie und die Kleinen verkauften sie noch am selben Nachmittag. Wir fuhren auf den Ruby Mountain zurück und machten uns meistens Hot Dogs, Bohnen oder Kartoffeln. Manchmal gab es auch Sandwiches und Popcorn.

Am Samstag nachmittag der ersten Woche hatten wir nichts mehr zu tun und langweilten uns. Aber ich wußte, was uns in der nächsten und übernächsten Woche bevorstand. Dann würden wir bestimmt keine Zeit mehr haben, uns zu langweilen, weil dann plötzlich alle Erdbeeren zugleich reif wurden.

An diesem Tag schlug ich vor, ein paar Hamburger für die Jungens zurechtzumachen, die gleich kommen wollten. Rosemary fuhr ins Tal hinunter zum Laden der Bergwerksgesellschaft, während Bobby Lynn und ich das Haus saubermachten und draußen ein Feuer anzündeten. Nessie merkte, daß etwas Aufregendes bevorstand, und lief uns dauernd vor die Füße und bellte, als wollte sie uns etwas sagen. Deshalb erzählte ich ihr, was wir vorhatten.

Rosemary kam zurück, und wir machten uns daran, Hamburger in der Pfanne zu braten und Kartoffeln im Feuer zu backen. Es duftete schon gut, als Jesse und Roy mit Cecil im Lastwagen von Cecils Vater ankamen. Cecil fuhr rückwärts in die Nähe des Feuers und schaltete den Radioapparat ein.

«Alles klar, yeah!» plärrte die Stimme aus dem Radio. Jesse packte mich an der Taille, und wir begannen, wild wie die Indianer ums Feuer zu tanzen.

«Mein Schätzchen ist verteufelt süß», sang Jesse mit dem Radio, aber kein Ton saß an der richtigen Stelle. Wir mußten furchtbar lachen.

Dann begannen auch Roy und Rosemary, Cecil und Bobby Lynn zu tanzen.

«Wenn ich sie seh', krieg' ich 'ne Gänsehaut.»

Wir wirbelten um das Feuer und tobten auf dem ganzen Berggipfel herum, und Nessie sprang bellend um unsere Füße.

«Oh ... oh ... yeah ... so süß.»

Dann setzten wir uns auf die Erde und aßen heiße Hamburger aus dem Feuer und tranken Limonade. Wir hätten stundenlang so zusammensitzen können, aber man sah schon, wie die Sonne die ferne Bergspitze berührte, und hörte, wie das Black-Gap-Radio wie jeden Abend den Sendeschluß mit *Komm heim, komm heim, 's gibt Abendbrot* ankündigte.

«Vern sagt, ihr müßt bei Einbruch der Dunkelheit alle weg sein», sagte ich.

«Ja, weiß ich», sagte Jesse.

Dann nahm er meine Hand und flüsterte: «Komm, wir machen einen Spaziergang.»

Wir gingen ein Stück von den anderen weg auf die andere Seite des Holzhauses, wo man die Zweige der Weide sanft im Wind hin- und herschwingen sah.

«Laß uns drunterkriechen», sagte Jesse.

Und das taten wir dann.

Es war schön da unter den Zweigen – kühl und dunkel und abgeschieden. Wir lagen auf dem Boden und fingen an uns zu küssen. Aber bald schon mußte ich ihn abwehren, wie ich es in der Zeit immer tat.

«Was ist denn los, Tiny?»

«Hör auf.»

«Ich will nicht aufhören, und ich will auch nicht mehr warten.»

«Wir haben doch schon darüber geredet, Jesse.»

«Ja, aber dabei kann's doch nicht bleiben.»

«Ich weiß nicht, Jesse ...»

«Wir können doch machen, was wir wollen, wenn wir vorsichtig sind, Tiny.»

«Was meinst du damit?»

«Na ja, du weißt schon. Wir können verhindern, daß du schwanger wirst.»

«Das behaupten sie immer.»

«Also, ich kann's nicht mehr aushalten, Tiny. Willst du etwa behaupten, daß du's so einfach kannst?»

«Nein, für mich ist es auch nicht einfach, Jesse.»

«Siehst du! Willst du's dir also nochmal überlegen?»

«Vielleicht ...»

«Versprich mir, daß du's dir überlegen willst!»

«Ich versprech's dir.»

Wir krochen unter der Weide hervor und gingen zu den anderen zurück. Kurz darauf kam Vern den Berg heraufgefahren, Phyllis neben sich und Beau und Luther hinten im Wagen. Er parkte ein Stück entfernt vom Holzhaus und beobachtete uns. Die Jungen verstanden den Wink mit dem Zaunpfahl. Es war auch schon ziemlich dunkel. Sie verabschiedeten sich, und dann fuhr auch Vern wieder nach Hause.

21

Danach legten Bobby Lynn, Rosemary und ich wieder Holz ins Feuer und begannen, alle vierzig Verse von *Auf dem alten Smokey* zu singen.

Es war eine kristallklare Nacht, und wir waren umgeben von Millionen Sternen. Der Mond war zum Platzen voll und so rund und hell, daß man glaubte, man müsse nur auf den Berggipfel steigen und könnte ihn dann leicht mit beiden Armen umfassen.

Dann brachte uns Rosemary ein Päckchen Lucky Strikes, und wir qualmten wie die Kettenraucher. In Wirklichkeit aber rauchten wir zum erstenmal, wenn man die Maisblätter nicht mitrechnete, aus denen wir als Kinder Zigaretten zu drehen versucht hatten.

«Woher hast du die Zigaretten eigentlich, Rosemary?» fragte Bobby Lynn.

«Ach dieser Roy!» platzte Rosemary heraus. «Er hat neulich gesagt, daß bei ihm nie eine Frau Zigaretten rauchen würde. Bevor er das gesagt hatte, wollte ich auch nicht rauchen. Aber heute, als ich im Laden war, hatte ich Lust, mir ein Päckchen zu kaufen.»

«Du bist komisch, Rosemary Layne», sagte ich. «Weißt du was, du bist wirklich komisch.»

Sie grinste und zog an ihrer Zigarette.

Wir übten, die Zigarette richtig zu halten und mit ihr beim Sprechen herumzugestikulieren, weil das toll aussah. Es ging einigermaßen, wenn man den Rauch nur ein kleines bißchen einsog und ihn dann ganz schnell aus dem Mund blies, bevor man ihn richtig schmeckte.

Dann sagte Rosemary: «Ich hab' einen Vorschlag.»

Wir sahen zu, wie sie sich eine zweite Zigarette anzündete.

«Wer hat Lust, Frage und Antwort zu spielen?»

Wir schwiegen.

Frage und Antwort war eher eine Vertrauensprobe als ein Spiel. Nur die besten Freundinnen spielten es miteinander, und wir hatten es noch nie zusammen getan. Jeder mußte Lust haben mitzumachen, und jeder mußte schwören, die Antwort auf die Frage niemals weiterzusagen.

Man stellte die eine Frage, die man seiner Freundin schon immer hatte stellen wollen, die man aber nicht auszusprechen wagte, weil sie zu persönlich war. Und wenn man selber dran war, mußte man die Wahrheit sagen. Man konnte nie vorher wissen, was man gefragt wurde. Trotzdem sagte ich: «Okay, ich mache mit.»

«Ich auch», sagte Bobby Lynn.

Wir hockten uns zusammen und zogen Strohhalme. Bobby Lynn verlor, deshalb wurde sie als erste gefragt. Rosemary und ich gingen ein Stück weg und beratschlagten, was wir sie fragen sollten. Wir mußten uns einig sein, und wir mußten die Frage so formulieren, daß sie nicht mit einem einfachen Ja oder Nein antworten konnte. Dann gingen wir zurück zum Feuer und setzten uns rechts und links von ihr. Sie schien den Atem anzuhalten.

«Das ist die Frage an dich, Bobby Lynn», sagte Rosemary. «Was war mit deiner Mutter und deinem Vater?»

Bobby Lynn sank richtig in sich zusammen.

«Sie haben die ganze Zeit gestritten», sagte sie schnell, als hätte sie die Antwort eingeübt. «Und sie wollte, daß er wegging. Deshalb lassen sie sich scheiden. Ich hab' ihn seit Monaten nicht gesehen, und ich vermisse ihn.»

Sie wirkte richtig traurig, und es tat mir fast leid, daß wir sie gefragt hatten.

«Sie hat gesagt, ihre Gefühle für ihn wären erloschen», fuhr Bobby Lynn fort, als spreche sie zu sich selbst oder denke laut. «Und er sagte – und das werd' ich nie vergessen –, er sagte: Liebe ist mehr als ein Gefühl.»

Eine Weile schwiegen wir alle.

Bobby Lynn wiederholte: «Liebe ist mehr als ein Gefühl.»

Schweigen.

Wir konnten nichts mehr fragen, und sie schien nichts mehr dazu sagen zu wollen.

«Gut, jetzt bist du dran, Tiny», sagte Rosemary.

Die zwei standen auf und verschwanden im Dunkeln. Ich konnte mir nicht vorstellen, was sie mich fragen wollten, aber plötzlich mußte ich an Vern denken, und das Blut erstarrte mir in den Adern. Ob sie einen Verdacht hatten? Aber wie sollten sie darauf gekommen sein? Nein, es war nicht möglich. Trotzdem konnte ich die lähmende Angst nicht abschütteln, daß sie diese Frage stellen würden und daß ich's ihnen sagen mußte. Ich würde lügen. Um jeden Preis. Sie würden es nie von mir erfahren.

Sie kamen zurück, und ich hatte Angst, daß sie merken würden, wie sehr ich mich vor der Frage fürchtete.

«Wer ist dein Vater?» fragte Bobby Lynn rasch.

War das alles? Ich lachte.

«Weißt du's?» fragte Rosemary.

«Nur eine Frage!» erinnerte ich sie. «Selbstverständlich weiß ich's. Er war Soldat, und er liebte meine Mutter sehr. Er wollte sie heiraten ... das weiß ich ganz bestimmt ... Aber er starb fünf Monate vor meiner Geburt in Pearl Harbour.»

Das war natürlich eine Lüge. Aber ich konnte ihnen doch nicht sagen, daß er nach der Bombardierung von Pearl Harbour einfach verschwunden war und nie mehr eine Zeile geschrieben hatte, als wären ihm meine Mama und ich völlig egal.

«Das ist alles», sagte ich. «Nein, seinen Namen muß ich euch noch sagen – er hieß Ernest Bevins.»

«Das ist aber traurig», sagte Rosemary.

Dann murmelte sie, daß sie jetzt dran wäre. Unsere Frage an Rosemary betraf etwas, das Bobby Lynn und mich schon eine ganze Weile beschäftigt hatte.

«Hast du es schon mit Roy gemacht?»

Rosemary grinste.

«Ja», war alles, was sie sagte, und wir merkten zu spät, daß wir einen Fehler gemacht hatten. Sie mußte uns jetzt nichts mehr weiter verraten, weil wir eine Frage gestellt hatten, die mit Ja oder

Nein zu beantworten war. Bobby Lynn und ich sahen einander wütend an, und Rosemary konnte sich nicht halten vor Lachen.

«Na gut», sagte sie schließlich bereitwillig. «Ich sag' noch was dazu. Wir haben's dreimal während der Football-Saison gemacht. Ich wollte unbedingt, daß Clintwood geschlagen wird, und ich hab' Roy versprochen, daß ich's tun würde, wenn er ein Tor schießt.»

«Und er hat eins geschossen!» sagte Bobby Lynn.

«Und danach hat er nochmal zwei geschossen», sagte Rosemary mit einem Lächeln. «Eins gegen Bristol und eins gegen Richlands.»

Wir kicherten.

«Aber nach der Football-Saison wollte ich's nicht mehr.»

«Warum denn nicht?»

«Ich hatte Angst, daß ich in Schwierigkeiten komm'.»

«Ich hab' gehört», sagte ich, «daß man nicht mehr aufhören kann, wenn man mal damit angefangen hat.»

«Das ist eine Riesenlüge», sagte Rosemary. «Es war ganz leicht aufzuhören. Und ich mach's auch nicht mehr, bis ich verheiratet bin. So toll, wie sie behaupten, ist es auch wieder nicht.»

Es war Mitternacht, als wir endlich zu Bett gingen. Bobby Lynn und Rosemary teilten sich in dieser Nacht Großpapas breites Bett, und ich schlief in dem Bett, in dem ich geboren worden war und in dem ich mit Mama geschlafen hatte, bis ich drei war. Ich öffnete das Fenster ganz weit, um den sanften Nachtwind hereinzulassen. Die Bettdecke aus kleinen bunten Stoffstücken, die meine Großmutter Lambert mit eigenen Händen genäht hatte, war deutlich im Mondlicht zu sehen. Es war ein sonniges Muster in Hellgelb und Rot. Liebevoll strich ich mit der Hand darüber und fragte mich, was die Frau, die sie genäht hatte, wohl für ein Mensch gewesen war. Hatte sie meinen Großpapa Lambert geliebt?

Nessie ließ sich mit einem Seufzer auf den Teppich fallen, und ich streckte mich auf dem Bett aus. Ich sah an meinem Körper herunter, der glatt und hübsch im Mondlicht dalag. Ja, ich bin angekommen. Ich bin eine Frau, und ich schäme mich der Gefühle, die ich für Jesse habe, nicht. Wir haben Lust aufeinander, und das ist etwas ganz Einfaches und Natürliches. Warum dann diese Angst? Warum zögere ich, das zu tun, was er von mir will? Ich fiel in einen unruhigen Schlaf.

Es war nicht das helle Mondlicht, das mich aufweckte, und auch nicht der Schatten der Trauerweide, der über mein Kissen fiel. Es war auch nicht der starke, schwere Duft des Geißblatts, der fast greifbar in der Luft hing. Aber ich nahm all das wahr, als ich mich zur Seite drehte und in die Nacht blickte. Es war etwas anderes – etwas Feineres, Unwirklicheres.

«Was ist das?» flüsterte ich.

Dann sah ich ihren Schatten, der sich mit dem Schatten der Trauerweide verwob. Er schwankte in einem Rhythmus mit den Zweigen und wanderte mit ihnen über die Wand, über das Bett und mein Gesicht auf dem Kissen.

Willa, Willa, on my pilla …

Leise ging ich zum Fenster und schaute hinaus. Da war Willa in einem langen weißen Spitzengewand und tanzte im Mondlicht um die Weide.

«Willa!» flüsterte ich voller Freude, und sie sah zu mir herüber und winkte mir zu.

Sie tanzte weiter, einen atemberaubend schönen Tanz, anmutig wie ein Schwan, und ihr wunderbares rotes Haar umwehte sie.

«Willa», sagte ich wieder leise, und da kam sie zum Fenster, lachte verschmitzt und kniete sich nieder. Dort saßen wir, jeder auf einer Seite des Fensters. Unsere Arme berührten sich auf dem Fensterbrett, und wir sahen einander in die Augen. Ich sog ihren geißblattduftenden Atem ein, denn sie keuchte ein wenig. Ihre Wangen waren rund und gerötet.

«Du spürst es auch, Willa, nicht wahr?»

Sie sah zum Mond hinauf und lächelte geheimnisvoll.

«Ist es der Frühling?» fragte ich. «Oder ist es der Mond? Ist es vielleicht Schwarze Magie, Willa?»

Sie sah mir gerade in die Augen.

«Oder ist es nur ein Trick?» flüsterte ich ihr zu, und der Windhauch trug meine Worte in die Nacht davon. «Wenn man sich verliebt – ist das nur ein Trick der Natur?»

Sie sagte nichts.

«Ich will mir sicher sein, Willa. Ich will warten, bis ich sicher bin, daß es das richtige ist.»

Am nächsten Tag sagte ich Jesse Nein.

22

Die folgenden Wochen waren so hektisch, wie ich's mir vorgestellt hatte; keiner von uns hatte Zeit, auch nur auszuspucken. Bei Tagesanbruch sprangen wir aus dem Bett. Und oben auf dem Berg, wo der Himmel gleich über unseren Köpfen war, schien es früher hell zu werden als unten im Tal.

Mürrisch aßen wir das Brot oder den Brei oder irgend etwas anderes, was vom Abend zuvor übriggeblieben war. Jeder von uns holte sich einen Eimer Wasser – kalt, weil keiner von uns Lust hatte, Feuer zu machen. Ich ging in mein Schlafzimmer, Rosemary in das andere und Bobby Lynn in die Küche, und dann wuschen wir uns so gut es ging, zitternd und an Insektenstichen herumkratzend. Man glaubt nicht, wie schnell man sich unter solchen Umständen waschen kann.

Dann zogen wir uns an, drängelten uns im Lieferwagen zusammen und fuhren die zwölf Meilen zur Schule, wo wir ungeduldig die Stunden absaßen.

Kaum waren wir zu Hause, zogen wir unsere Shorts und unsere Turnschuhe an und machten uns auf den Weg zum Erdbeerfeld. Mit Tante Evie, Mama, Luther, Beau, Phyllis, Cecil und seinen Geschwistern und manchmal auch Roy pflückten wir, bis unsere Finger feuerrot waren und uns der Rücken weh tat. Dann brachten Mama und Cecil die Erdbeeren ins Tal. In dieser Woche schloß Mama mit dem A & P und dem Laden der Minengesellschaft in Ruby Valley einen Vertrag ab. Beide Läden wollten soviel, wie wir pflücken konnten. Wir hatten die beste Zeit erwischt. Mama verwaltete das Geld und schrieb auf, wie viele Kilo jeder gepflückt hatte. Sie setzte auch fest, daß «von jedem Pfund fünf Cent an Tiny gehen, weil es Tinys Land und Tinys Erdbeeren sind. Ohne sie würde niemand einen Pfennig verdienen.»

Ich fühlte mich dadurch wichtig, aber ich hatte auch ein schlechtes Gewissen. Ich hatte meinen Freunden nie von meinem Land erzählt, weil wir nie voreinander angaben.

«Das gehört alles dir?» fragte Bobby Lynn und machte eine Armbewegung über den ganzen Berggipfel hin.

«Ja, mein Großpapa Lambert hat's mir hinterlassen.»

«Dir? Nur dir?» fragte Rosemary. «Nicht der ganzen Familie?»

«Nein, nur mir.»

«Ui!»

Sie sahen sich an und grinsten. «Das ist irre, Tiny.»

Irre. Das Wort mußte ich mir merken. Alles sagten es jetzt. Ja, es war irre, dank Großpapa Lambert.

Nach drei Wochen hatten wir es geschafft und fast den ganzen Berg kahlgepflückt. Wir zählten unser Geld und brachen in Begeisterungsrufe aus. Rosemary und Bobby Lynn verdienten jeweils etwas mehr als hundert Dollar, und ich hundertsechzig. So viel hatte ich noch nie mit Erdbeeren verdient.

Am Samstag nachmittag brachte uns Rosemary zu den Clevingers hinunter, damit wir den Henry J abholen konnten.

Mrs. Clevinger hängte gerade Kleider im Hinterhof auf.

«Du meine Güte, seid ihr aber braungebrannt – dabei ist's noch nicht mal Juni!»

Wir scharten uns um den Henry J. Er war olivgrün, sechs Jahre alt und hatte nicht einen einzigen Kratzer im Lack. Das einzige Problem war, daß Bobby Lynn und ich nicht fahren konnten, aber Rosemary wollte es uns beibringen.

Dann passierte etwas Komisches. Bobby Lynns Vater fuhr um die Ecke. Er sah gut aus, trug einen dunklen Anzug, ein weißes Hemd und eine Krawatte. Bobby Lynn machte ein seltsames Gesicht, als sie ihn bemerkte; es sah aus, als wollte sie zugleich lachen und weinen. Sie ging auf ihn zu, und die beiden fielen sich in die Arme und fingen gleichzeitig zu heulen an. Ich hatte Bobby Lynn nie so lieb gehabt wie in diesem Augenblick. Ich wußte irgendwie genau, was sie empfand, als sie ihren Vater zum ersten Mal nach Monaten sah. Ich mußte woanders hinschauen, damit ich nicht selber zu heulen anfing. Wie herrlich muß es sein, dachte ich, solch einen Vater zu haben – einen richtigen Vater. Und daß er sogar weinte, als er sie umarmte – bei Gott, dafür liebte ich ihn.

Mrs. Clevinger stand da, sah den beiden zu und hatte selbst Tränen in den Augen.

Rosemary räusperte sich und gab mir einen kleinen Stups.

«Komm, gehn wir!»

«Ist gut.»

Rosemary ging zu Mrs. Clevinger und sagte: «Wenn Sie mir den Schlüssel geben, werde ich mit Tiny zusammen eine kleine Runde drehn und Sie eine Weile allein lassen.»

«Ich komm' auch mit», sagte sie rasch. «Er wollte ja nur Bobby Lynn sehen.»

Sie gab Rosemary den Schlüssel.

«Bin gleich zurück», rief sie Bobby Lynn und ihrem Vater zu.

Jeder hatte einen Arm um den anderen gelegt, und so kamen sie zum Gartentor herein.

«Es steht kalter Tee im Kühlschrank», fuhr sie fort und winkte ihnen zu.

Mrs. Clevinger sah uns an und lächelte, aber Bobby Lynn schien nichts zu sehen und zu hören außer ihrem Vater.

«Komm ins Haus, Daddy», sagte sie.

Mrs. Clevinger stieg auf den Rücksitz und sah angelegentlich zum Turm des Verwaltungsgebäudes hinüber. Rosemary setzte sich hinters Steuer und ich neben sie. Wir fuhren aus der Stadt hinaus und am Fluß entlang in Richtung Kentucky. Ich war furchtbar aufgeregt, in einem Henry J zu sitzen. Ich hielt dauernd Ausschau nach jemandem aus unserer Schule, damit wir anhalten und ihm unser Auto zeigen konnten.

«Ich weiß, daß alle schlecht über mich reden», sagte Mrs. Clevinger plötzlich, als wir etwa fünf Minuten unterwegs waren.

Rosemary und ich tauschten einen Blick.

«Warum, Mrs. Clevinger?» fragte ich.

«Weil ich die Familie habe kaputtgehen lassen», sagte sie. «Alle tuscheln über mich.»

«Das glaub' ich nicht», sagte Rosemary.

«Doch doch, es wird getuschelt. Aber ich möchte nicht mehr verheiratet sein. Ich könnt' es nicht mehr aushalten.»

«Warum denn nicht?» fragte ich und drehte mich nach ihr um.

Sie sah sehr kindlich aus, wie sie da saß, aus dem Fenster schaute und eine Hand nach draußen baumeln ließ. Sie sah zu den vorbeifliegenden Bergen hin.

«Wenn man verliebt bleiben könnte, wär's ja nicht so schlecht», sagte sie. «Aber man bleibt nicht verliebt, weißt du. Niemand kann dieses Gefühl halten.»

Das erstaunte mich, aber ich sagte nichts dazu. Ich dachte, natürlich bleiben die Leute verliebt. Ich kannte Jesse, und ich würde immer in ihn verliebt sein. Und was war mit Roy und Rosemary?

Doch zu meiner Überraschung sagte Rosemary: «Ich weiß, was Sie meinen, Mrs. Clevinger.»

«Wirklich, Rosemary? Slim und ich, wir waren so alt wie ihr – also noch Kinder. Und wir waren so liebeskrank, daß wir nicht mehr bis drei zählen konnten!»

Vor uns hatten sich am Flußufer vor Bull Creek eine Menge Leute zusammengefunden. Rosemary fuhr langsamer, damit wir sehen konnten, was los war. Es waren die *Holy Rollers*, die sich zu einer Taufe versammelt hatten.

«Bleiben wir doch stehen und sehen zu», sagte ich.

Ich wollte wissen, wie es weiterging, wenn sie aus dem Wasser kamen. Rosemary fuhr an den Straßenrand und parkte.

«Alle sagen, daß eine Frau ohne Mann nicht glücklich sein kann», fuhr Mrs. Clevinger fort. «Aber ich schwöre euch, ich bin jetzt glücklicher, als ich's je in der Ehe mit Slim war.»

Die Holy Rollers sangen:

Ja, wir sehen uns am Fluß,
ja, an dem schönen, schönen Fluß,
mit den Heiligen am Fluß,
der fließt vor Gottes Thron.

Etwa ein Dutzend weißgekleidete Leute standen aufgereiht da, um sich von dem Priester untertauchen zu lassen.

«Ich wollte, ich müßte kein so schlechtes Gewissen wegen Bobby Lynn haben. Sie ist ziemlich durcheinander, und sie vermißt ihren Vater», sagte Mrs. Clevinger.

«Gehn wir doch zum Fluß herunter», sagte Rosemary.

So stiegen wir aus dem Auto und gingen durch das von Kohlenstaub bedeckte Unkraut, das uns schwarze Beine machte, hinunter. Mrs. Clevinger hob ihr Kleid über die Knie.

Wir sahen dem Prediger und seinem Helfer zu, wie er einen nach dem anderen «Im Namen des Vaters, des Sohnes und des Heiligen Geistes» taufte. Dann kamen sie laut rufend aus dem Wasser hoch.

«Er hat meine Sünden runtergewaschen», sagte eine alte Frau und fiel uns allen um den Hals.

«Wasch deine Schuld ab, Sünder!» rief der Prediger.

«Ja, das will ich!» sagte Mrs. Clevinger laut und deutlich. Verwundert drehten wir uns zu ihr um. «Ich will getauft werden.»

«Sind Sie denn noch nicht getauft?» flüsterte Rosemary ihr sichtlich verlegen zu.

«Nicht so. Ich möchte im Fluß getauft werden!» verkündete sie.

«Komm her, Schwester, komm her zu mir», sagte eine Frau, legte den Arm um Mrs. Clevinger und führte sie weg.

«Ach du meine Güte...», murmelte Rosemary.

«Wollt ihr nicht mit eurer Mutter kommen, Mädels?» sagte ein alter Mann zu uns.

«Unsere Mutter? O... nein. Nein danke!» sagte ich.

Alle sahen zu uns her, und wir fühlten uns unbehaglich. Wir schauten zu der Schar Frauen hinüber, unter der Mrs. Clevinger verschwunden war. Bald darauf tauchte sie wieder in ein weißes Kleid gehüllt auf. Sie hatte die Arme ordentlich über der Brust gekreuzt. Die Frauen führten sie zum Fluß, und als sie durch das Wasser auf den Prediger zuwatete, bauschte sich ihr Kleid rings um sie und schwamm auf der Wasseroberfläche. Sie sah wie ein engelhaftes kleines Mädchen aus.

«Ich glaub', ich spinn'», sagte Rosemary.

«Ich auch.» Ich unterdrückte ein Kichern, denn die ganze Sache kam mir plötzlich sehr komisch vor. Ich räusperte mich.

«Psst!» Rosemary stieß mir den Ellbogen in die Seite.

«Ich taufe dich, Violet Clevinger, im Namen des Vaters ...»

Und dann tauchte er sie unter.

Die Leute begannen zu singen und in die Hände zu klatschen.

Ich hab' ein Heim, es wartet mein!
Ein Heim von Gott erbaut.
Wo ewig Gottes Liebe währt
dort ist mein Heim so traut, so traut.

Manche der Leute schrien, andere redeten in Verzückung und wieder andere warfen sich am Ufer nieder und wälzten sich in Ekstase herum. Diese Zeremonie des Herumrollens hatte ihnen den Namen *Holy Rollers* eingetragen.

Mrs. Clevinger tauchte prustend wieder auf. Das kalte Wasser hatte ihr den Atem verschlagen. Mir fiel ein, daß einige Familien aus dem Tal ihr Abwasser in den Fluß leiteten, aber ich schob diesen Gedanken rasch beiseite.

Ihr Haar sah jetzt dunkel aus und lag eng an Kopf und Nacken an. Die Frauen holten sie eilig in ihre Mitte zurück, und kurz darauf stand sie wieder in den eigenen Kleidern da.

Sie kam zu uns zurück, wobei sie der Schar zuwinkte und lächelte. Sie klatschten Beifall, als wäre sie eine berühmte Persönlichkeit, und sie gebärdete sich auch ganz danach!

«Ich bin bereit zu gehen», sagte sie zu uns.

Also gingen wir zum Henry J zurück. Rosemary wendete, und wir fuhren wieder Richtung Black Gap.

«Ich bin einfach nicht zur Ehefrau geboren», fuhr Mrs. Clevinger fort, als sei unser Gespräch keinen Moment unterbrochen worden. «Das ist nun mal nicht jeder.»

Das war zuviel!

Ich konnte mir das Kichern nicht mehr verkneifen.

Rosemary gab mir einen Klaps auf die Hüfte.

«Halt den Mund!»

Aber es war zu spät.

«Wir haben nur geheiratet, weil wir glaubten, wir müßten», gestand uns Mrs. Clevinger, die nicht merkte, daß ich kurz davor war herauszuplatzen. «Und dann war's nur falscher Alarm.»

Bei diesen Worten lächelte Rosemary, und ich dachte, o nein, jetzt geht's los. Jetzt fängt sie auch gleich an.

«Ich weiß gar nicht, wie's passiert ist», fuhr Mrs. Clevinger fort. «Ich wachte eines Morgens auf und merkte, daß ich eine erwachsene, verheiratete Frau war. Das gefiel mir gar nicht. Ich weiß noch, daß ich dachte: Wie bin ich bloß hierhergekommen? Wie konnte das passieren?

Ich hatte das Gefühl, ich wäre ... na ja ... irgendwie hypnotisiert worden. Und jetzt wachte ich gerade daraus auf. In dieser Nacht schaute ich Slim an und dachte: Wer ist das? Das ist doch nicht der nette Junge, den ich geheiratet habe. Dieser Mann hat Füße, die stinken, er rülpst, und manchmal pieselt er in den Hof!»

In diesem Augenblick brachen wir über dem Armaturenbrett in schallendes Gelächter aus, und auch Mrs. Clevinger konnte sich das Lachen nicht mehr verkneifen.

Und so begann die Lachsaison – der Sommer 1959.

23

Jesse machte den Abschluß an der High-School und begann, bei seinem Vater in Big Lick zu arbeiten. Cecil und Roy halfen in ihren Sommerferien beim Bau der Kirche. Aber an den Wochenenden waren wir sechs immer noch zusammen. Wir fuhren oft ins Drive-in-Kino an der Einfahrt von Glory. Wir nahmen unsere Decken mit und breiteten sie am Boden aus, die Sterne über uns, und wir aßen Popcorn und tranken Limonade, während wir Rock Hudson in *Wunderbare Macht* oder Debbie Reynolds als Tammy oder Charlton Heston als Moses oder Doris Day als Julie ansahen. Wir liebten auch Horrorfilme wie *Die Hafenkneipe von Tahiti.* Der war gut. Wir sahen Lana Turner und Sandra Dee ungefähr siebenmal in *Solange es Menschen gibt*, und Rosemary, Bobby Lynn und ich weinten jedesmal wieder. Die Jungen taten so, als fänden sie's zum Kotzen.

Dann fing Bobby Lynn plötzlich an, sich mit Richard Sutherland zu treffen und Cecil mit Judy Thornbury, aber sie blieben gute Freunde, und unser Grüppchen wuchs auf acht Leute an. Ich fand das komisch, weil ich ganz genau wußte, wenn Jesse und ich uns trennten (was natürlich nie passieren würde), würde einer von uns nicht mehr dabeibleiben können, und das wäre bestimmt nicht ich. Ich sagte es auch, aber Jesse schwieg dazu.

Manchmal fuhren wir am Samstag- oder Sonntagnachmittag zusammen nach Cumberland hinüber oder in den Hungry Mother-Park und brieten im Freien Hot Dogs oder Hamburger. Wir fuhren auch viel Rollschuh auf der neuen Rollschuhbahn in Black Gap und fuhren in die *CAR-feteria.*

Rosemary brachte mir und Bobby Lynn das Autofahren bei. Und wir fuhren wie die Teufel! Wir bekamen unseren Führerschein. Wir übten auf allen Feldwegen und Kieswegen und geteerten Straßen, fuhren jeden Bach, jedes Tal, jeden Höhenzug in

Südwest-Virginia entlang. Es war ein goldener Sommer, und wir waren drei siebzehnjährige Mädchen mit einem Auto. Jede von uns bekam es für eine Woche. Wir waren einfach ganz und gar wir selbst. Ganz oft fuhren wir zum neuen Bezirksschwimmbad, wo wir schwimmen und tauchen lernten und uns bräunen ließen wie Mädchen aus der Stadt.

Wir marschierten auf den Ruby Mountain hinauf und machten Picknicks bei der Quelle. An den wenigen Regentagen drückten wir uns im Süßigkeitenladen von Black Gap herum und aßen ganze Berge von ekelhaft klebrigem Zeug.

Vor allem aber lachten wir. Wir trieben mit unserem Lachen den Sommer aus und hatten über nichts Schlimmeres als über die drei Mal zu palavern, die Roy und Rosemary es gemacht hatten.

Als der September anrollte, begannen wir unser Abschlußjahr. Wir bekamen mehr Begrüßungsrufe am Morgen als alle anderen in der Schule. Rosemary, Bobby Lynn und ich führten sogar neue Moden ein, und alle zupften sich die Augenbrauen und trugen Zehn-Cent-Stücke in den Mokassins wie wir. Ich glaube, wir waren absolut das frechste Grüppchen von Oberschülern, das je die Black-Gap-High-School heimgesucht hatte.

In dieser Zeit kam Jesse nicht mehr so oft vorbei. Er sagte, sein Job wäre furchtbar anstrengend. Aber ich begann mich zu fragen, was mit ihm los war, als er zu keinem unserer Football-Spiele kam. Ich konnte mir nicht vorstellen, was ihn abhielt, sich Roy, Cecil und Richard anzuschauen, die dieses Jahr die großen Football-Stars waren. Irgend jemand erzählte mir, er hätte ihn an einem Freitagabend vor einem Spiel in Big Lick gesehen, aber er selbst sagte mir, daß er an diesem Abend zu Hause geblieben wäre. Ach, dachte ich, ist ja nicht so wichtig.

An einem Wochenende sagte er, er wollte seinen Klassenring «leihweise» von mir zurückhaben, um ihn reinigen zu lassen. Am folgenden Wochenende sagte er, er hätte am Freitag und am Samstag abend keine Zeit für mich, und da wurde ich allmählich unruhig. Samstag abend rief ich Bobby Lynn an.

«Glaubst du, daß Jesse wegen irgendwas auf mich sauer ist, Bobby Lynn?» fragte ich.

«Ich weiß nicht. Warum gibst du ihm nicht den Laufpaß, Tiny?»

«Ihm den Laufpaß geben? Wie kommst du denn auf so was?»

«Cecil sagt, daß Jesse dich nicht verdient hat. Und ich finde das auch.»

«Cecil? Was ist bloß los, Bobby Lynn? Ich hab' das Gefühl, daß alle was wissen, was ich nicht weiß.»

«Weißt du, daß Cecil und Judy sich gestern abend getrennt haben?» wechselte sie plötzlich das Thema.

«Nein, wieso denn das?» fragte ich.

«Ich weiß keine Einzelheiten, aber ich wette, es war wegen dir.»

«Wegen mir? Was soll denn das heißen?»

«Judy war immer eifersüchtig auf dich, weil Cecil die ganze Zeit von dir geredet hat.»

«Stimmt ja gar nicht! Ich und Cecil sind wie Bruder und Schwester. Das weiß Judy doch. Ich liebe doch Jesse.»

«Weiß ich, weiß ich», sagte sie und seufzte.

«Was soll das?»

«Nichts. Hör mal, Tiny, ich muß jetzt gehn. Richard kommt grade.»

«Nein! Irgendwas ist doch los. Sag's mir!»

Aber Bobby Lynn sagte nichts mehr, und ich merkte, daß mein Herz wie wild klopfte. Irgendwo tief innen wußte ich, was kommen würde.

«Sag's mir, Bobby Lynn.»

«Willst du wirklich hören, was ich dir über Jesse Compton zu sagen habe?»

Es war, wie wenn winzige, klirrende Eiskristalle durch meine Adern sausten. Ich merkte, daß ich zitterte.

«Sag's mir», krächzte ich.

«Weißt du, Tiny, Jesse hat nämlich ein Mädchen in Honaker. Seit einem Monat trifft er sie ziemlich regelmäßig. Und er scheint nicht die Absicht zu haben, sie aufzugeben.»

Nein, nein, nein, nein …

Jesse liebte mich doch. Warum erzählte mir Bobby Lynn solche Lügen? Jesse würde mich nie so verletzen.

«Hallo Tiny, bist du noch dran?»

«Ja. Wer hat dir das bloß gesagt?»

«Alle wissen's, Tiny. Ich wollt' es dir schon längst sagen, aber sie haben mich nicht gelassen.»

Alle wissen es. Alle. Alle außer Tiny. Die blinde, dumme Tiny. Tiny, die geglaubt hat, daß die Leute sich für immer lieben. Aber nein, es ist eine Lüge. Nein, nein, nein …

«Sag doch was, Tiny!»

«Ich glaub's dir nicht, Bobby Lynn. Warum machst du das?»

«Tiny, komm wieder auf die Erde runter! Es ist wahr!»

«Nein, es ist gelogen.»

Und dann hängte ich den Hörer auf. Wie eine Schlafwandlerin ging ich die Treppe hinauf und legte mich auf mein Bett, wie betäubt und eiskalt. Ich wickelte mich in eine Decke und sah in den grauen Himmel hinaus.

Jesse hatte gesagt, daß er heute abend seinem Vater helfen wollte. Eigentlich könnte ich ihn anrufen.

Es begann zu regnen, es war nur ein Nieseln. Auf den Bergen lag noch ein Hauch von Rot und Gold. Bald würde der Winter kommen, und meine Welt würde grau und kahl sein …

Nein, Jesse, nein …

Da lag ich, erschüttert und ungläubig, im Stich gelassen vom Abendlicht, und die Dunkelheit fiel mit ihren schwarzen kalten Fingern über mich her.

Es wäre so einfach, ihn anzurufen. Dann wüßte ich es sicher.

So durfte es nicht sein. Wenn er wußte, wie verletzt ich war, würde er zu mir kommen, mich um Verzeihung bitten, mich im Arm halten …

Ja, ich würde ihn anrufen. Und ich würde ihm sagen, was ich von Bobby Lynn erfahren hatte. Natürlich würde er mir versichern, daß alles reine Erfindung war, und ich würde mit Bobby Lynn kein Wort mehr sprechen.

Es war halb neun. Ich ging hinunter und wählte mit zitternden Fingern seine Nummer.

«Hallo, Mrs. Compton, ist Jesse da?»

«Oh, grüß dich, Tiny. Nein, Jesse ist weggefahren.»

«Oh... wohin denn, Mrs. Compton? Wissen Sie, wohin er gefahren ist?»

Sie zögerte.

«Ich weiß nicht genau, Tiny, aber ich glaube, er hat gesagt, nach Honaker.»

«Honaker?»

Ich war wie vor den Kopf geschlagen, vernichtet, entsetzt.

«Ja, da wollte er hin – nach Honaker.»

«Oh», war alles, was ich sagen konnte. Nur «oh».

«Kann ich ihm was ausrichten, Tiny?»

«Ja. Sagen Sie ihm, er soll mich anrufen, wenn er heimkommt.»

«Meinst du noch heute abend? Es wird bestimmt spät, Tiny.»

«Das macht nichts. Sagen Sie ihm, er soll mich anrufen, egal wie spät es ist.»

«Na gut.»

Ich stand erstarrt vor dem Telefon.

Im Fernsehen konnte ich das Lied der *Perry Como Show* hören, in dem um Zuschriften von Zuschauern gebeten wurde.

Ja, das war's. Ich würde Jesse einen Brief schreiben, genauso, wie ich Mr. Gillespie geschrieben hatte.

Lieber Jesse,

vielleicht stimmt es, aber vielleicht ist es auch eine Lüge, was sie über Dich sagen. Wenn es stimmt, will ich's gar nicht wissen. Dann ist es mir egal. Wenn Du zu mir zurückkommen willst, werde ich alles tun, was Du von mir verlangst. Ich werde nie mehr von dem Mädchen in Honaker sprechen. Ich werde Dir vergeben. Ich möchte nur, daß alles wieder so ist, wie es war. Ich habe Dich furchtbar gern.

In Liebe. Tiny

Ich küßte den Brief, steckte ihn in den Umschlag und legte ihn unter mein Kopfkissen. Dann lag ich wie betäubt stundenlang wach und wartete auf seinen Anruf. Aber er rief nicht an. Nicht in dieser Nacht. Und nicht am nächsten Tag und am Sonntag und auch nicht am Sonntag abend. Und die Wahrheit begann an meiner blinden Hoffnung zu nagen. Spät am Sonntag abend zerriß ich den Brief und spülte ihn ins Klo. Nein, ich würde nicht betteln. Nicht, daß ich darübergestanden wäre. Nein, ich hatte Angst, daß er sich meiner schämen würde. Irgendwie mußte ich den Stolz bewahren, selbst wenn es so weh tat, daß ich's nicht aushielt.

Montag in der Schule gelang es mir fast, so zu tun, als wäre alles wie immer. Bobby Lynn war so klug, unser Gespräch nicht zu erwähnen. Zweimal erwischte ich Cecil dabei, wie er mich beobachtete und in meinem Gesicht zu lesen versuchte, aber als ich ihm in die Augen sah, wandte er sich ab. Alle wußten es. Und jetzt wußte ich es auch.

An diesem Abend rief ich Jesse an.

«O hallo, Tiny», sagte er. «Was ist denn los?»

«Hallo, Jesse. Hast du meine Nachricht bekommen?»

«Oh ... ja. Ich hab' sie bekommen.»

«Aber du hast nicht angerufen. Stimmt was nicht?»

Meine Hand, die den Hörer hielt, wurde schweißnaß.

«Nein, ich hatte viel zu tun, das ist alles.»

«Bobby Lynn hat mir etwas über dich gesagt, Jesse. Ich möchte wissen, ob es stimmt.»

«Was hat sie denn gesagt?»

«Sie hat gesagt, daß du eine Freundin in Honaker hast.»

Jesse schwieg.

«Stimmt das, Jesse?»

«Hm, ja, Tiny. Ich hab' nicht gewußt, wie ich's dir sagen soll.»

Das Schweigen zwischen uns war unerträglich, und es wollte kein Ende nehmen.

«Und was jetzt?» sagte ich schließlich.

«Ich weiß nicht. Ich ruf' dich wieder an, Tiny, einverstanden?»

Ich brachte kein Wort heraus.
«Einverstanden, Tiny? Soll ich dich wieder anrufen?»
«Einverstanden, Jesse. Ruf mich an.»
«Nimm's nicht so schwer, Tiny.»
«Ja.»
Und damit brach meine Welt zusammen.

24

Jesse rief nicht mehr an. Es brauchte kaum eine Woche, und Vern hatte herausgefunden, was passiert war.

«Na, wo ist denn dein Liebhaber?» fragte er mich am nächsten Samstag beim Abendessen.

Ich antwortete nicht.

«Hat sich wohl aus dem Staub gemacht, was?» Er lachte. Darauf hatte er ja nur gewartet.

«Habt ihr euch verkracht?» fragte Mama.

Ich antwortete auch ihr nicht. Der Schmerz war noch so empfindlich wie von einer offenen Wunde, und vielleicht sahen sie das meinem Gesicht an, denn jetzt schwiegen sie.

Natürlich war es Tante Evie, bei der ich mich ausheulte. Wäre sie nicht gewesen, wahrscheinlich wäre ich gestorben. Bei ihr konnte ich meinen Tränen freien Lauf lassen, und bei ihr konnte ich mein ganzes Elend abladen. Ich wußte: Wenn es irgend jemand verstand, dann sie. Und ich wurde nicht enttäuscht. Sie tröstete mich, wie es sonst niemand gekonnt hätte. Jede Träne, die ich vergoß, wurde durch ein liebevolles Wort oder eine sanfte Berührung weggewischt. Aber der Schmerz wollte nicht vergehen, und ich dachte, ich würde mich in alle Ewigkeit so fühlen. Ich mußte mir nur Tante Evie anschauen. Es war fünfzig Jahre her, daß Ward sie im Stich gelassen hatte, und sie litt immer noch.

Ich konnte nicht mehr schlafen. Stundenlang lag ich neben Phyllis wach und sah zu, wie das Licht draußen von Grau in Schwarz und dann in dunkles Purpurrot überging, wenn es Morgen wurde, und wie die Erde nicht mehr golden, sondern schmutziggrau aussah, als der Winter wiederkam, um meinen Kummer noch zu vermehren.

In Gedanken wiederholte ich mir immer wieder alle Dinge, die Jesse und ich einander im letzten Sommer gesagt hatten, alle Dinge, die wir zusammen getan hatten, den Spaß, den wir gehabt haben, wie wir zusammen gelacht und Händchen gehalten und uns geküßt hatten. Und ich stellte mir vor, wie er zu mir zurückkehrte, was er sagen würde, wie wir uns küssen und uns wieder vertragen würden.

Manchmal sah ich Willas Silhouette, wie sie still im Fenster saß, den Blick auf die tristen Berge gerichtet. Sie war eine schattenhafte, schmächtige Gestalt im Dunkeln, und ihr Haar hing in einem langen, dichten Zopf über ihren Rücken herab. Sie sagte kein Wort, weil auch sie traurig war. Sie war einfach in der Nähe, falls ich sie brauchen sollte.

Den ganzen Dezember über regnete es. Von den Bergen triefte es hinunter auf den matschigen Boden, und die vom Kohlenstaub schwarze Erde weichte immer mehr auf.

Am Neujahrsabend hörte ich gerade Radio, als das Telefon läutete. Es war Jesse. Ich war so erstaunt, daß ich kein Wort herausbrachte. Wie oft hatte ich von diesem Augenblick geträumt!

«Wie ist es dir ergangen, Tiny?» fragte er.

«Gut», sagte ich.

Etwas anderes fiel mir nicht ein.

«Ich ruf' dich nur an, um mich zu verabschieden.»

«Wohin gehst du denn?»

«Zur Luftwaffe. Ich muß morgen ganz früh nach Harlingen, Texas.»

«Zur Luftwaffe? Wie bist du denn darauf gekommen, Jesse?»

«Seit ich mich von Barbara getrennt hab'. Ich hab' beschlossen, daß ich nicht mehr hier herumhängen will, und als Schweißer zu arbeiten habe ich auch keine Lust. Drum geh' ich weg.»

Ich schwieg.

«Und außerdem wollte ich dir sagen, daß es mir leid tut, wie das zwischen dir und mir gelaufen ist», fuhr er fort.

«Denk nicht mehr dran.»

«Nein, ich hab' dich ziemlich schlecht behandelt. Du hättest so was nie gemacht.»

Das stimmte.

«Vielleicht können wir Freunde sein, Tiny, was meinst du?»

«Klar, Jesse. Schreib mir.»

«Das werd' ich tun. Und du, paß auf dich auf! Vielleicht sehn wir uns im Frühjahr wieder.»

«Ja, ade, Jesse.»

Am nächsten Abend, als er schon nach Texas gefahren war, lag ich wieder fast die ganze Nacht wach voller Erinnerung, Bedauern, Schmerz. Jedesmal wenn ich die Augen schloß, sah ich uns auf dem Berggipfel ums Feuer tanzen. Und das alte Lied von Red Wing kreiste in meinem Kopf.

Und das scheue Mädchen liebte
Einen kühnen Krieger sehr.
Heimlich war sie ihm gewogen –
Er ist in den Kampf gezogen.

Wie mein richtiger Vater, mußte ich denken. Davonlaufen, Krieg spielen und gebrochene Herzen zu Hause zurücklassen.

Und die schöne Red Wing unterm Vollmond steht,
der Nachtvogel klagt, der Nachtwind weht,
und sein Stern, ach so fern, sieht ihres Kriegers Schlummer,
und Red Wing weint, o bittrer, bittrer Kummer.

«Jesse ... Jesse ... komm doch zurück!»

Früh am Sonntag morgen erwachte ich und glitt immer wieder in den Schlaf zurück. Draußen jodelte jemand, und ich erinnerte mich an die Samstagmorgen, als ich in der neunten Klasse war und Bobby Lynn Jodelunterricht bei Tante Evie nahm und ich die beiden dort oben hören konnte. Das Jodeln klang schön. Ich stellte mir vor, daß es Jesse war, der für mich jodelte, und ich sah mich zum Fenster gehen, es öffnen und als Antwort zurückjodeln.

Ich öffnete die Augen. Eine kalte, weiße Sonne drang in mein Schlafzimmer, und ich stand auf und sah hinaus. Leichter Schnee fiel. Das Jodeln hatte aufgehört, und das Echo hallte von den

Bergwänden zurück. Niemand war zu sehen. Hatte ich etwa nur geträumt?

Im Haus war es kalt und feucht. Ich zog Hosen, einen Pullover, Socken und Schuhe an. Dann ging ich hinunter.

Phyllis saß am Küchentisch und aß warmen Apfelkuchen. Nessie lag zu ihren Füßen, aber als sie mich sah, stand sie auf und kam schwanzwedelnd auf mich zu.

«Hallo, mein kleiner Racker», schmeichelte ich und tätschelte sie.

«Gehst du heute wohin, Tiny?» fragte mich Phyllis.

«Nein.»

«Spielst du mit mir?»

Ich schüttete Corn-flakes in eine Schüssel, goß Milch darüber und setzte mich neben sie.

Sie war jetzt zehn Jahre alt, bald elf, fast so groß wie ich und so entwickelt wie eine Dreizehnjährige. Wir hatten lange nicht mehr richtig miteinander gesprochen.

«Mit dir spielen? Bist du nicht zu groß für solche Sachen?»

«Was für Sachen?»

«Spielen ist doch was für kleine Mädchen.»

«Wir könnten ja Karten spielen.»

«Wo sind denn Beau und Luther? Die spielen sicher mit dir.»

«Aber ich will, daß du mit mir spielst, Tiny.»

In diesem Augenblick sah ich ihre Hände, und ich war entsetzt. Sie hatte ihre Nägel bis aufs Fleisch abgenagt, und ringsum war die Haut eingerissen.

«Um Himmels willen, was hast du mit deinen Fingernägeln gemacht?» schrie ich auf.

Sie versuchte, ihre Hände zu verstecken, aber ich packte eine Hand und machte sie auf.

«O Gott, Phyllis. So was hab' ich ja noch nie gesehn!»

Sie riß sich los.

«Laß mich in Ruh!» sagte sie.

«Hat Mama deine Fingernägel gesehen?»

«Weiß nicht.» Sie zuckte mit den Schultern und schob die Unterlippe vor.

«Wo ist Mama jetzt?» fragte ich. «Ich finde, sie muß sehen, was du da angerichtet hast.»

«Sie ist wieder ins Krankenhaus. Immerzu ist sie mit Dixie unterwegs.»

Das stimmte. Mama war am liebsten im Krankenhaus und kümmerte sich um die Leute dort. Sie versuchte, eine Stelle als Schwesternhelferin zu bekommen, aber ich hörte einmal, wie Vern sie anschrie, daß sie doch wohl nicht für einen Sklavenlohn arbeiten wolle. Er sagte, dann würden die Leute denken, daß er seine Familie nicht ernähren könnte. Ich bemerkte, daß Mama mit den Zähnen knirschte, als er das sagte.

«Also jetzt verarzten wir erst mal deine Fingernägel, und dann spiel' ich Rommé mit dir. Aber zuerst geh' ich schnell zu Tante Evie rauf.»

«Sie hat Besuch», sagte Phyllis.

«Was? Wer denn?»

«Weiß nicht. Irgend so'n alter Mann. Er kam jodelnd die Straße rauf.»

Ich ließ meinen Löffel fallen. Nein, das konnte doch nicht sein!

«Er hat gejodelt? Und hat Tante Evie zurückgejodelt?»

«Na klar. Sie ist vor die Tür rausgegangen und hat ihm entgegengejodelt.»

«Phyllis!»

«Was is' denn los?»

«Kapierst du nicht? Das muß Ward gewesen sein!»

«Nee, Tiny. Das ist doch bloß 'ne Geschichte, die sie erfunden hat. Ward kommt bestimmt nie zurück ... Oder glaubst du vielleicht doch?»

«Na, wer würde denn sonst für sie jodeln?»

Wir sahen uns an.

«Ist er immer noch oben?»

«Glaub' schon. Hab' ihn nicht weggehn sehn. Mensch, wär' das nicht was? Ich meine, wenn er wirklich nach all diesen Jahren ... Wie viele Jahre sind's eigentlich?»

«Im kommenden Frühling ungefähr fünfzig.»

«Stell dir vor, die heiraten!»

Ich lächelte, als ich mir ausmalte, wie Tante Evie in einem weißen Hochzeitskleid aussehen würde.

«Es sind schon die verrücktesten Sachen passiert, Phyllis», sagte ich. «Aber ich weiß nicht ...»

Die nächste halbe Stunde beobachteten wir Tante Evies Hütte vom Küchenfenster aus. Und schließlich kam er tatsächlich raus: ein alter Mann mit einem weißen Bart und einem Stock. Auf der Veranda blieb er stehen, warf ein Bündel über seine Schulter, drehte sich um und sagte etwas zu Tante Evie, die im Türrahmen stand. Sie hob die Hand wie zum Abschied. Dann ging er. Wir sahen ihm zu, wie er den Weg entlangging, an unserem Haus vorbei und zur Straße hinunter.

Ich rannte hinaus und den Berg hinauf, Phyllis auf den Fersen. Tante Evie stand immer noch auf der Veranda und schaute dem alten Mann nach. Ihr Gesicht war so seltsam, wie ich es noch nie gesehen hatte. In ihren Augen lag irgendwie ein völlig neuer Ausdruck.

«Wer war der Mann?» sagten Phyllis und ich gleichzeitig.

«'s war Ward, mein Mann, leibhaftig», sagte sie, drehte sich um und ging wieder hinein.

Phyllis und ich tauschten einen Blick und folgten Tante Evie in die Hütte.

«Erzähl uns, Tante Evie. Erzähl uns alles ganz genau!»

Wir waren so aufgeregt, daß wir wie wild herumhüpften. Aber Tante Evie war ruhig wie eine Frühlingsnacht. Sie begann, in einer Schublade nach irgend etwas zu kramen.

«Da gibt's nich viel zu erzählen», sagte sie einfach. «Er is' reingekommen, hat sich hingesetzt und gesagt: Wie geht's, Evelyn ... Er hat mich immer Evelyn genannt, wo ich doch gar nich so heiß'. Ich heiß' doch Evie ... einfach Evie. Wie geht's so? hat er gesagt.

Und ich hab' gesagt: Wo, zum Teufel, warst du die ganze Zeit?

Hier und da, hat er gesagt. Aber jetzt bleib' ich bei dir.»

Tante Evie schwieg und suchte weiter in der Schublade herum.

«Hast du was verloren, Tante Evie?» sagte ich.

«Meine Brille», sagte sie. «Die war doch grad noch da.»

«Da», sagte Phyllis. «Gleich neben deiner Hand.»

«Oh», sagte Tante Evie, nahm die Brille und setzte sie auf. «Wenn's 'ne Schlange gewesen wär', hätt' se mich gebissen», sagte sie und schloß die Schublade.

Sie hielt ein zerknittertes Papier in der Hand und fing an zu lesen, was darauf stand. Phyllis und ich lächelten uns an.

«Was liest du denn da?» fragte ich.

«'n Gedicht, was er angeblich für mich geschrieben hat. Aber das stimmt im Leben nicht. Ich hab's schon mal irgendwo gelesen. Lügen konnt' der schon immer!»

Und sie schob das Papier in den Ofen. Phyllis und ich tauschten wieder einen Blick. Noch nie hatten wir von ihr auch nur ein kritisches Wort über den legendären Ward gehört.

«Und was war dann?» fragte Phyllis. «Hast du zu ihm gesagt: Wo, zum Teufel, warst du bloß? Und dann...»

Ich drohte Phyllis. «So was sagt man doch nicht.»

Tante Evie setzte sich an den Tisch, nahm die Brille ab und legte sie vorsichtig hin. Ich setzte mich auf ihre eine Seite und Phyllis auf die andere.

«Ich hab' ihn mir angeschaut und hab' gedacht: Himmel, ich kenn' den Mann ja gar nicht. Hab' ihn eigentlich nie gekannt. 'nem Fremden hab' ich fünfzig Jahre lang nachgeweint. Und jetzt kann er mir genauso gestohlen bleiben wie die Masern.»

«Das ist doch nur, weil er alt ist, Tante Evie», sagte ich. «Er ist doch immer noch dein Ward.»

«Nee, is' er nich. Er war nie mein Ward. Mein Ward war nur 'ne Vorstellung von mir. Den hat's nie gegeben.»

«Was meinst du damit?»

«Himmel, mein Kind, ich mein' damit, daß ich 'ne verdammte Närrin war. Ich hätte Clint Clevinger heiraten können und Bobby Lynns Großmutter werden. Aber nein, ich hab' gesagt, wenn ich Ward nich haben kann, will ich keinen haben. Ich dachte, Ward wär' der Richtige. Jetzt weiß ich's, Tiny, nachdem ich all die

Jahre vergeudet hab'. So was wie den Richtigen gibt's nich! So was gibt's einfach nich!»

«Soll das heißen, du glaubst, du hättest jemand anders lieben können, wenn du nur gewollt hättest?» fragte ich.

«So isses! Und er war's wirklich nich wert, daß ich ihm nachheul'. Nich mal 'nen Monat, aber schon gar nich fünfzig Jahre!»

Sie seufzte tief.

Konnte das wahr sein? Konnte es wirklich sein, daß man sich mehr als einmal verliebte? Würde mir Jesse eines Tages wie ein Fremder vorkommen? Würde ich es einfach überwinden? War denn so was möglich?

Wir blieben ungefähr eine Stunde bei Tante Evie und ließen sie ausnahmsweise mal von sich selbst reden. Sie war eine bemitleidenswerte alte Frau und wußte nicht, was sie jetzt noch mit ihrem Leben anfangen sollte. Sie hatte ja nie etwas anderes getan, als auf ihren Ward zu warten. Dann sagte sie, sie müßte zu Mrs. Rife, um ihr beim Nähen zu helfen. Da gingen Phyllis und ich heim.

Vern saß in der Küche und trank Whisky.

«Wo sind Beau und Luther?» fragte Phyllis.

«Ich hab' sie zu Dad gebracht. Wo wart ihr Mädels denn?»

«Bei Tante Evie oben.»

«Rosemary hat für dich angerufen, Tiny», sagte er. «Sie will, daß du zurückrufst.»

Ich ging in den Flur und wählte Rosemarys Nummer. Phyllis und Nessie gingen die Treppe hinauf.

«Hallo Mädel!» sagte Rosemary. «Kommst du mit zum Schlittenfahren?»

«Schlittenfahren? Dafür liegt doch nicht genug Schnee.»

«Drüben in Breaks schon. Da liegt eine Menge Schnee.»

«Ist gut. Wer kommt denn alles mit?»

«Ich und du und Cecil und Bobby Lynn und Richard.»

«Und was ist mit Roy?»

«Den hab' ich nicht gefragt.»

«Warum denn nicht?»

«Ich brauch' ihn ja nicht überallhin mitzunehmen.»

«Aha. Gut, ich komm' dann zusammen mit Cecil rüber.»

Ich rannte die Treppe hinauf. Phyllis saß am Fenster, dort, wo Willa sonst immer saß, und sah zu den Bergen hinüber.

«Wo gehst du hin, Tiny?» fragte sie.

«Nach Breaks zum Schlittenfahren.»

«Kann ich mitkommen?»

«Nein. Du weißt doch, daß du noch zu klein bist, um mit meiner Clique zusammen was zu unternehmen.»

«Bitte, Tiny.»

Ich sah sie an, während ich mühsam in meine Stiefel schlüpfte. Sie kaute an ihren Fingernägeln und sah mich mit flehenden Augen an.

«Nein, Phyllis, du weißt doch, daß du nicht mit kannst. Was ist denn los mit dir?»

Sie antwortete nicht. Ich wickelte mir den Schal um den Hals, zog die Handschuhe an und schlüpfte dann in meine dicke Jacke. Den Schlitten würde ich aus Beaus und Luthers Wandschrank holen müssen. Wieder schaute ich zu Phyllis hinüber. Irgendwie war ihr Verhalten seltsam.

«Nimm die Finger aus dem Mund», sagte ich zu ihr.

«Ich steig' auch nicht aus dem Auto», sagte sie verzweifelt. «Und ich red' auch kein Wort.»

Das paßte überhaupt nicht zu Phyllis, und während ich dastand und rätselte, was mit ihr los war, sah ich, wie ihr zwei dicke Tränen in die Augen stiegen.

«Laß mich nicht mit Daddy hier allein!» schluchzte sie plötzlich.

O Gott, meine Schwester, meine Schwester!

Ich ging zu ihr hinüber und nahm sie in die Arme. Ich drückte sie an mein Herz und wiegte sie hin und her und flüsterte beruhigend auf sie ein, während sie weinte und weinte. Ich fing auch zu weinen an, als ich mich an diese schrecklichen Tage erinnerte und daran dachte, wie sehr ich mich nach Trost gesehnt hatte.

Oh, meine Schwester, meine Schwester! Warum hatte ich das nicht geahnt? Ich war so mit meinen eigenen Problemen beschäftigt gewesen.

«Er hat gesagt, er bringt Nessie um, wenn ich's jemand verrate», brachte Phyllis mühsam hervor. «Glaubst du, er tut's?»

«Nein! Er tut Nessie bestimmt nichts! Ich lass' ihn nicht. Und dir wird er auch nichts mehr tun, Phyllis, das versprech' ich dir.»

Sie sank in meinen Armen zusammen. Ich würde sie halten, solange sie es wollte, den ganzen Tag, wenn es sein mußte. Und dabei jagten sich meine Gedanken. Ich würde es sagen. Jetzt konnte mich nichts mehr abhalten. Nichts. Es war ganz egal, wer es erfuhr. Er würde mir oder Phyllis nie wieder etwas tun. Ich würde es Mama sagen, und wenn sie nichts dagegen tat, dann würde ich es Mr. Gillespie sagen. Er würde etwas tun. Ich wußte, daß es ein Gesetz gegen das gab, was Vern tat. Er hatte Angst vor dem Gesetz.

Ich zog meine dicken Sachen aus.

«Ich muß Cecil anrufen», sagte ich zu Phyllis. «Aber ich komm' gleich zurück.»

«Ganz bestimmt?» sagte sie.

«Ganz bestimmt. Heute geh' ich nicht mehr weg.»

«Es tut mir leid, Cecil», sagte ich, als er am Apparat war. «Fahrt nur los und viel Vergnügen. Es ist was Wichtiges dazwischengekommen.»

«Was ist denn los, Tiny?»

«Nichts ist los. Ich muß hier bleiben, das ist alles», sagte ich.

«Ich merk's doch an deiner Stimme», beharrte er.

Er kannte mich so gut.

«Mach dir keine Sorgen, Cecil. Bis bald.»

Dann ging ich wieder in unser Zimmer hinauf und schloß die Tür. Hier würden wir bleiben, bis Mama heimkam. Ich war erleichtert, als beim Gespräch mit Phyllis herauskam, daß Vern sie nicht wirklich vergewaltigt hatte, aber mir war klar, daß er es früher oder später versuchen würde, wenn ihn niemand davon abhielt.

Kurz darauf hörte ich Mama ins Haus kommen.

«Bleib hier, Phyllis», sagte ich. «Ich bin gleich wieder zurück.»

«Wo gehst du denn hin?» fragte sie.

«Ich bin gleich wieder zurück. Paß auf Nessie auf.»

Mama stand im Schlafzimmer, nur mit dem Slip bekleidet, und suchte in ihrem Schrank nach etwas zum Anziehen.

«Du bist da?» fragte sie, als ich hereinkam. «Es ist so still im Haus. Wo sind denn die Kleinen?»

«Phyllis ist in ihrem Zimmer, und die Jungens sind bei Großpapa Mullins.»

Mama fand ein Hauskleid und schlüpfte hinein. Ich setzte mich auf ihr Bett.

«Mama, ich muß dir was ganz Wichtiges erzählen», sagte ich. «Es ist wegen Vern.»

25

Am nächsten Abend saßen Phyllis, Mama und ich still und schweigsam am Küchentisch und warteten. Mama trank Kaffee. Ihre Augen waren so rot und geschwollen vom Weinen, daß sie kaum noch sehen konnte. Phyllis war kreidebleich und elend. Nessie lag zu meinen Füßen; sie war stiller als sonst und hatte traurige Augen. Die Jungens waren immer noch bei Großpapa Mullins.

Wir warteten darauf, daß das Gespräch des Priesters mit Vern zu Ende sein würde. Sie saßen im Wohnzimmer. Mama hatte den Priester noch spät am Abend zuvor angerufen, weil sie nicht wußte, was sie sonst tun sollte. Reverend Kermit Altizer war von einer alten Kirche in Black Gap. Er kannte uns überhaupt nicht, aber bei uns war kein regelmäßiger Gottesdienst, und so hatte Mama ihn aus dem Telefonbuch herausgesucht.

Mein Herz war schwerer als je zuvor. Noch nie war in unserem Haus so viel geweint, geschimpft und geschrien, noch nie waren so viele Vorwürfe gemacht worden. Vern sah aus wie ein kleiner Junge, der Angst hatte, von seiner Mutter versohlt zu werden, und Phyllis starrte die ganze Zeit auf den Boden. Sie ließ Nessie nicht aus den Augen. Am meisten Sorgen aber machte mir Mama. Sie schien hilfloser denn je, und ich war furchtbar enttäuscht von ihr. Alles, was von ihr kam, war Jammern und Heulen. Ich dachte, sie würde jeden Augenblick zusammenbrechen. Es war ein Alptraum, und ich hatte das Gefühl, ich wäre die einzige, die wach war und die Dinge sah, wie sie waren.

Über Nacht hatte es Frost gegeben, und der Wetterbericht kündigte Graupel- und Schneeschauer an. Eine graue Decke lag schwer über meiner Welt.

Ich muß mit Phyllis und Nessie davonlaufen, dachte ich, wenn sie wegen Vern nichts unternehmen. Wenn er so davonkommt, wird er's immer wieder versuchen. Wir können nicht mehr mit ihm unter einem Dach leben.

Dann kamen Vern und der Priester herein.

«Nun denn, Mrs. Mullins.» Reverend Altizer stand da und hatte ein schiefes Lächeln auf dem Gesicht. Er trug seinen schwarzen Sonntagsanzug und ein weißes Hemd, aber sein Haar war fettig, und seine vom Nikotin verfärbten Fingernägel hatten schwarze Ränder.

«Wir wollen zusammen beten», sagte er mit süßlicher Stimme.

Wir senkten die Köpfe, und Reverend Altizer sagte Gott, daß es in unserer Familie ein Problem gebe und daß er uns segnen möge. Dann betete er, daß wir einander vergeben mögen und christlich in Gedanken, Worten und Taten sein wollten. Amen.

Erwartungsvoll sahen wir ihn an.

«Das ist eine recht unglückliche Situation», sagte er und lächelte immer noch.

Vern schob sich um den Tisch und setzte sich neben Mama auf einen Stuhl.

«Es scheint, Sie und Mr. Mullins haben bezüglich Ihrer ehelichen Pflichten einige Probleme gehabt», sagte er zu Mama.

Dieses Lächeln ging mir auf die Nerven. Mama sah ihn ausdruckslos an.

«Manchmal leiden die Kinder, wenn Eheleute nicht miteinander auskommen», fuhr er fort. «Ein Mann im besten Alter hat bestimmte Bedürfnisse, wie Sie sicher wissen, Mrs. Mullins. Und wenn seine Frau diese Bedürfnisse nicht erfüllt, muß er sie anderswo befriedigen.»

Rasende Wut erfüllte mich plötzlich. Er ergriff Verns Partei! Doch bevor ich explodieren konnte, fuhr Mama so schnell und wütend in die Höhe, daß ihr Stuhl gegen die Wand geschleudert wurde.

«Bedürfnisse!» schrie sie, und das Wort knallte wie ein Schuß. «Sie reden von Bedürfnissen!»

Ich hatte Mama noch nie in diesem Ton reden hören.

«Und was ist mit den Bedürfnissen meiner Töchter?»

Ich schwöre, daß Mama um einen Kopf gewachsen war, als sie diesem Priester gegenüberstand.

«Auch sie haben Bedürfnisse! Und wir können keinen widerlichen alten Kerl brauchen, der seine Gelüste an ihnen befriedigt!»

Sie stand keuchend da und starrte den mickrigen Priester an, aus dessen Gesicht allmählich das dämliche Lächeln wich.

«Ich wollte doch nur sagen, Mrs. Mullins ...»

«Sie sagen jetzt gar nichts mehr!» brüllte Mama ihn an. «Verschwinden Sie sofort aus meinem Haus, Sie scheinheiliges Arschloch, bevor ich noch durchdrehe!»

Wir waren sprachlos. Das war ja ein völlig neuer Mensch. Wortlos ging der Priester, während wir geplättet dasaßen und Mama wie die Freiheitsstatue in der Küche aufragte.

«Und du!» wandte sie sich an Vern, der bei ihrem Auftritt immer mehr in sich zusammensank. «Du hast eine halbe Stunde Zeit, um deine Siebensachen zusammenzusuchen und dieses Haus zu verlassen, sonst lass' ich dich so lang einsperren, bis du schwarz wirst!»

«Das ist mein Haus», versuchte Vern zu protestieren, aber er begann schon aufzustehen.

«Nein, es ist *mein* Haus und das Haus meiner Kinder», sagte Mama. «Wenn du irgendwelche Schwierigkeiten machst, landest du im Gefängnis.»

Vern stand da und sah ganz klein aus. Ich war fast versucht, Mitleid mit ihm zu haben, aber ich wehrte mich dagegen.

«Ich liebe meine Mädels», sagte er traurig. «Das ist der einzige Grund, warum ich's getan hab'. Ich liebe sie so sehr, daß ich nicht anders konnte.»

«Lieben!» zischte Mama. «Du widerst mich an! Du hast meinen Mädchen so weh getan, wie's schlimmer nicht geht, und wagst es auch noch, das Liebe zu nennen!»

Plötzlich packte sie den Stiel einer Bratpfanne auf dem Ofen, als hätte sie vor, ihn zu verdreschen. Vern wich zur Tür zurück, und ich legte die Hand auf Mamas Arm.

«Mama ...»

Sie sah mich an, ließ den Pfannenstiel los und legte den Arm um mich.

«Ich werde die Scheidung einreichen», sagte sie zu Vern. «Und so viel Geld einklagen, daß ich meine Kinder allein großziehen kann. Und jetzt mach, daß du davonkommst!»

«Und was ist mit meinen Jungens?» wimmerte Vern. «Die werd' ich behalten.»

«Du bringst sie zu mir zurück! Du bist doch gar nicht fähig, sie zu erziehen!»

Vern schlurfte aus der Küche. Mama zog Phyllis mit dem anderen Arm an sich, und so standen wir drei beieinander und hielten uns fest.

«Wie kann ich das je wiedergutmachen?» sagte sie aus tiefstem Herzen.

«O Mama!» sagte ich. «Es war doch nicht deine Schuld.»

«Hier wird jetzt alles anders», fuhr sie fort. «Das versprech' ich euch. Wir werden eine richtige Familie sein. Und ich werde eine richtige Mutter sein.»

«Du bist die beste Mutter auf der Welt», sagte ich.

«Meine allerliebsten Mädchen ...»

Sie fand keine Worte mehr.

Wir setzten uns an den Tisch.

«Es gibt viel, worüber wir reden müssen», sagte sie. «Und ich werd' euch nie mehr im Stich lassen, wenn ihr mich braucht.»

Sie weinte nicht mehr, sie hielt den Kopf hoch und strahlte etwas aus, das ich nicht an ihr kannte. Ich war sehr stolz auf sie.

«Ich hätte dafür sorgen können, daß er eingesperrt wird», sagte sie. «Aber sicher wollt ihr nicht, daß es jemand erfährt. Ihr würdet euch blamiert fühlen. Ihr wißt, was die Leute alles reden, und ihr habt schon genug gelitten.»

«Das stimmt, Mama», sagte ich. «Darum hab' ich's auch so lange niemand gesagt.»

Wir hörten, wie Vern das Haus verließ. Mama bereitete ein kleines Abendessen für uns zu, und wir saßen in der Küche und redeten stundenlang. Wir schmiedeten Zukunftspläne, und ich spürte, wie Erleichterung und Freude mich erfüllten. Mein schreckliches Geheimnis war an den Tag gekommen, und Mama hatte mich verteidigt. Ich hatte meine Schwester beschützt, ich mußte nicht mehr in Angst leben, und Nessie schlief friedlich zu meinen Füßen.

Gleich am nächsten Tag bekam Mama eine Stelle als Schwesternhelferin im Krankenhaus. Sie würde immer mit Dixie zusammen zur Arbeit fahren.

Am selben Tag noch reichte Mama die Scheidung ein. Sie forderte das Haus und zwanzig Dollar pro Woche Lebensunterhalt für die Kinder. Sie mußten erst ein Jahr lang getrennt leben, bevor die Scheidung rechtskräftig werden konnte.

Ich war über diese Wendung maßlos erstaunt. Unser ganzes Leben hatte sich in drei Tagen verändert, und plötzlich stimmte alles wieder, so wie es eigentlich sein mußte.

Die Jungen kamen heim, aber sie machten düstere Mienen. Wer weiß, was Vern ihnen gesagt hatte. Am Dienstag traf ich Luther allein in der Küche an. Er las ein Superman-Comic. Er war fast zwölf, aber ziemlich klein für sein Alter. Lesen war immer noch nicht seine Stärke, dafür um so mehr das Damespiel.

«Willst du mit mir Dame spielen, Luther?» fragte ich ihn. «Vielleicht kann ich's jetzt mit dir aufnehmen.»

«Ich will überhaupt nichts mit dir machen», sagte er.

«Was hab' ich dir denn getan?» fragte ich und setzte mich neben ihn. Ich hoffte, wir könnten miteinander reden.

«Du hast 'nen Haufen Lügen über meinen Daddy erzählt.»

«Ich habe nicht gelogen, Luther.»

«Du lügst wie alle Frauen», sagte er höhnisch. «Das hat Daddy auch gesagt.»

«Luther ...»

Aber er war schon aus der Küche.

Beau war fast dreizehn, klein und untersetzt wie Vern, aber viel schlauer. Er konnte ohne Stocken Shakespeare lesen, und er verstand sogar etwas von dem, was er las.

Aber er redete nicht mehr mit mir und Phyllis. Er vergrub sich in seinem Zimmer und kam nur heraus, wenn er es mußte.

«Sie verstehen's nicht», sagte Mama. «Laß ihnen Zeit. Es kommt schon noch.»

Obwohl Mama sich wirklich alle Mühe gab, mir und Phyllis den Spott der anderen zu ersparen – und ich war sehr stolz, daß sie das versuchte –, kam Phyllis nur schwer mit dem zurecht, was passiert war. Sie hatte das Gefühl, sie wäre schuld daran, daß Mama Vern rausgeschmissen hatte. Es war immer noch ihr Vater, ganz egal, was er getan hatte, und sie liebte ihn immer noch. Sie blieb eine ganze Woche lang von der Schule weg, weil sie fürchterliche Kopfschmerzen hatte. Also blieb ich bei ihr. Ich las ihr *Nancy Drew* vor und machte ihr gute Sachen zu essen. Wenn es ihr besonders schlecht ging, legte ich ihr Eisbeutel auf die Schläfen. Wenn Mama abends heimkam, setzte sie sich zu uns und erzählte uns von ihrem Arbeitstag im Krankenhaus.

Und dann machten wir Pläne für die Zukunft. Nach dem Schulabschluß wollte ich eine Stelle bei der Bank oder bei der Versicherung annehmen, weil ich ein Jahr lang Schreibmaschine gelernt hatte. Wir wollten unser Erdbeergeld in diesem Jahr zusammenlegen, damit sich Mama ein eigenes Auto kaufen konnte, und ich würde ihr das Fahren beibringen.

Am Samstag ging es Phyllis besser, und sie konnte schon wieder über die Karikaturen von Snuffy Smith lachen. Ihre Wangen waren wieder gerötet. Mama und ich sagten, sie solle sich in der Küche hinsetzen, und dann bürsteten wir ihr das lockige braune Haar.

«Du siehst genau wie Brenda Lee aus!» sagte ich, weil ich wußte, wie toll sie Brenda Lee fand.

«Stimmt doch gar nicht!» sagte sie und grinste.

«Doch! Findest du nicht auch, Mama?»

«Ganz genau», sagte Mama. «Los, Phyllis, wir gehen rauf, und ich wasch' dir die Haare und dreh' sie dir ein.»

Sie verließen die Küche, und ich holte mir eine Schale Reispudding und setzte mich an den Tisch.

Da kam Cecil herein.

«Hallo Tiny.»

«Hallo Cecil. Willst du ein bißchen Pudding?»

«Nein danke, Tiny. Ich muß dich was Wichtiges fragen.»

«Na gut, dann frag.»

«Wo ist Vern?»

«Das ist keine wichtige Frage.»

«Aber wo ist er denn? Seit Sonntag war er nicht mehr zu Hause, ihr wart nicht in der Schule, und deine Mama hat plötzlich eine Stelle.»

«Du bist ziemlich neugierig!» sagte ich und lachte, aber ich wußte, daß er ehrlich besorgt war. Cecil machte sich viel Gedanken über mich. «Du kannst ruhig erfahren, daß Mama und Vern sich scheiden lassen, und mehr gibt's dazu nicht zu sagen.»

«Sie lassen sich scheiden?»

«Ja.»

«Wie gut!» sagte er nüchtern. «Aber das war eigentlich gar nicht meine Frage. Meine wichtige Frage ist: Kommst du mit mir zum College-Ball?»

«Zum College-Ball? Cecil, jetzt ist Januar. Der Ball ist doch erst im April.»

«Weiß ich. Aber ich wollte sicher sein, daß mir niemand anders zuvorkommt.»

«Ich fürchte, du wirst nicht allzuviel Konkurrenz haben. Wieso fragst du eigentlich mich? Warum nicht Judy oder Shelby oder so jemand?»

«Wir sind die ganze Zeit zusammen in die Schule gegangen», sagte er. «Und wir waren immer Nachbarn, und ich stell' mir einfach vor, daß du und ich zusammen zum Ball gehen.»

Ich lachte.

«Cecil, du bist lustig.»

Da wurde er rot.

«Na ja, bloß als Erinnerung an die alten Zeiten», sagte er.

«Klar, Cecil. Aber du kannst dir's immer noch anders überlegen, wenn du willst.»

«Klar, und du auch! Ich mein', du kannst dir's auch anders überlegen.»

«Gut, abgemacht.»

Da lächelte er breit und sagte nichts mehr. Ich hatte das Gefühl, als wäre er sehr erfreut und erleichtert. Cecil hatte seinen königsblauen Football-Pullover an, und dadurch leuchteten seine Augen noch blauer als sonst. Im Augenblick glänzten sie richtig. Er sah umwerfend aus, stellte ich fest. Unsere Blicke trafen sich, und plötzlich fragte ich mich, was es wohl für ein Gefühl wäre, Cecil zu küssen. Ich lief knallrot an und schaute weg.

Zum erstenmal in unserem Leben waren Cecil und ich befangen in der Gegenwart des anderen.

«Da bin ich froh, daß das geklärt ist», sagte er.

«Ich auch.»

Und dann schwiegen wir beide eine ganze Weile.

Was dachte er bloß?

Cecil räusperte sich.

«Hast du gewußt, daß die Demokraten einen Katholiken als Präsidenten vorgeschlagen haben?» sagte er ohne Überzeugung, in dem verzweifelten Versuch, das Gespräch fortzusetzen.

«Wer ist es denn?» fragte ich.

«John Kennedy aus Massachusetts.»

«Die wählen nie einen Katholiken als Präsidenten», sagte ich.

«Vielleicht schon.»

«Nee, glaub' ich nicht.»

Und wieder erstarb das Gespräch. Dann murmelte Cecil etwas und verdrückte sich, und ich saß da und rätselte, was eigentlich los war.

26

Mr. Gillespie sprach immer noch von dem College in den Bergen von North Carolina. Er wollte, daß sich irgend jemand dafür interessierte, dort zu studieren, aber niemand reagierte. Die jungen Leute aus der Stadt hatten alle vor, auf irgendeine Universität zu gehen, und die anderen aus dem Tal, die sich überhaupt so etwas leisten konnten, gingen in das Lehrercollege von Radford oder in das Wirtschaftscollege von Bluefield oder etwas ähnliches. Bei uns anderen war die Schulausbildung zu Ende.

Aber an einem verregneten Dienstag im Februar bat er mich, Rosemary und Bobby Lynn, nach der Schule noch dazubleiben, und dann zeigte er uns die Unterlagen, die er über das Mountain Retreat College hatte.

«Sie erteilen besonders intensiven Musikunterricht», sagte Mr. Gillespie. «Und sie kümmern sich eigens um ganz normale Studenten, die nicht viel Geld haben.»

Ich sah durch das Fenster des Orchesterraumes, wie der Regen auf den Friedhof am Abhang fiel, und erinnerte mich an den Tag, an dem ich Mr. Gillespie zum erstenmal begegnet war. Die Gefühle, die ich damals für ihn hatte, konnte ich nicht mehr hervorholen. Wo waren sie hin?

«Meine Frau hat im Mountain Retreat College eine sehr gute musikalische Ausbildung bekommen», sagte er. «Jetzt gibt sie Klavier- und Gesangsunterricht, und es macht ihr großen Spaß.»

«Das klingt ja märchenhaft», sagte Rosemary und blätterte die Broschüre durch.

«Ich wollte, ihr drei würdet ernsthaft darüber nachdenken, dort hinzugehen», sagte er.

«Ich will schon», sagte Rosemary. «Und Mama und Papa wollen's auch.»

«Und was ist mit Roy?» fragte ich.

«Was soll mit ihm sein?» sagte Rosemary.

«Er wird traurig sein», sagte Bobby Lynn.

«Traurig, weil ich weiterkommen will?» fragte sie.

«Und was ist mit dir, Bobby Lynn?» fragte Mr. Gillespie.

«Mama und Papa wollen, daß ich ins College geh', aber ich fand die Idee nie so toll.»

«Du bist so begabt, du solltest was daraus machen!» sagte Mr. Gillespie. «Und du auch, Tiny. Jede von euch hat eine besondere musikalische Begabung.»

«Ach, jetzt ist es doch viel zu spät, ans College zu denken», sagte Bobby Lynn. «Jetzt nehmen die uns nie mehr.»

«Doch, doch. Ein kleines College wie Mountain Retreat nimmt bis zum letzten Moment Studenten. Sie haben immer Plätze frei. Was meinst du dazu, Tiny?»

«Es kommt gar nicht in Frage», sagte ich. «Am Tag nach meinem Schulabschluß muß ich mir eine Stelle suchen.»

Sie sahen mich alle an. Wahrscheinlich wußte inzwischen jeder, daß Vern weg war, aber nie hatte mich jemand nach ihm gefragt. Nach dem Gespräch war Rosemary überglücklich. Sie hatte endlich eine wichtige Entscheidung getroffen. Und es sah so aus, als wäre ihre Hochzeit aufgeschoben. Sie bewarb sich noch am selben Tag für das Mountain Retreat College.

Als ich nach Hause kam, wartete ein Brief von Jesse auf mich, aber es stand nichts Aufregendes drin. Er erzählte von seiner Ausbildung und von Texas. Er hatte unterschrieben mit «freundliche Grüße, Jesse». Trotzdem antwortete ich gleich. Ich versuchte, lieb und freundlich und lustig zu sein, und ich unterschrieb mit «herzlichst Tiny». Dann begann das endlose Warten auf seinen nächsten Brief, der nie kommen sollte.

Rosemary bekam ihre Bewerbungsunterlagen ein paar Tage später, füllte sie aus und schickte sie zurück. Beim Mittagessen schauten Bobby Lynn und ich ihren Mountain-Retreat-Prospekt zusammen durch. Als ich die Bilder ansah, spürte ich so eine Art unbestimmte Sehnsucht, etwas wie Heimweh, das sich in mir rührte. Da war sie, die vollkommene kleine Schule, in eine Senke in den Bergen von North Carolina geschmiegt. Alle Gebäude waren aus Stein, und sie schienen sich in die Landschaft einzufügen, als wären sie aus ihr hervorgewachsen. Man sah strahlende hübsche junge Leute, die auf einer Freilichtbühne sangen. Es gab ein Football-Feld, einen Bergpfad, der geradewegs in den Himmel führte, einen See mit Wasserfall wie von einer Ansichtspostkarte, eine überdachte Brücke, eine Heilquelle, eine Kapelle im Wald und ein riesiges steinernes Eingangstor, auf dem stand: Willkommen im Mountain Retreat. Oh, wie ich Rosemary plötzlich beneidete! Ich wollte auch dorthin!

«Ich glaube, ich bewerbe mich mal», sagte Bobby Lynn obenhin. «Weißt du, nur so zum Spaß.»

Auch sie hatte es erwischt.

Ich fühlte mich niedergeschlagen. Ich war noch nie zuvor auf meine beiden besten Freundinnen eifersüchtig gewesen. Bisher hatte ich mich über alles Gute gefreut, was ihnen widerfuhr. Aber jetzt stand ihnen das großartigste Abenteuer bevor, eine Zauberwelt, und ich mußte zurückbleiben. Ich nahm den Prospekt mit nach Hause und quälte mich den ganzen Abend damit. In dieser Nacht warf ich mich stundenlang herum, bevor ich endlich einschlief. Dann hatte ich einen Alptraum.

Mit einem Schreckenslaut wachte ich auf und konnte mich nicht erinnern, wovon ich geträumt hatte. Ich fragte mich, ob ich im Schlaf laut geweint hatte. Das Haus war still und kalt. Wahrscheinlich waren die Kohlen verbraucht.

Meine Backen waren naß von Tränen, und ich drückte sie ins Kissen. Würden diese Alpträume mich für immer verfolgen? Würde ich nie darüber wegkommen? Phyllis neben mir seufzte leise und drehte sich im Schlaf um. Ich fragte mich, ob auch sie Alpträume hatte.

Ich tastete nach meinem warmen Bademantel, der auf einem Stuhl neben dem Bett lag. Der Mountain-Retreat-Prospekt fiel auf den Boden. Ich hob ihn auf, sprang aus dem Bett, zog meinen Bademantel und meine Hausschuhe an und ging hinunter in die

Küche, wo ich den Backofen öffnete und einschaltete, um es ein bißchen warm zu machen. Es war zwei Uhr morgens. Ich begann wieder den Prospekt durchzublättern. Private Gesangsstunden, stand da, gemischter Chor, Orchester ... Mama kam in die Küche.

«Ist alles in Ordnung, mein Schatz?» sagte sie.

Ich schaute überrascht auf.

«Natürlich. Warum?»

«Ich hab' deinen Aufschrei gehört und wie du dann aufgestanden bist. Hattest du einen Alptraum?»

«Ja, schon.»

Sie legte den Arm um mich, und ich war gerührt.

«Ich glaube, Beau und Luther haben vergessen, Kohlen nachzufüllen», sagte ich. «Der Ofen ist aus.»

«Ja, aber ich glaub', heute nacht machen wir ihn nicht mehr an. Willst du einen Kakao?»

«Gern.»

Ich sah, wie sie Kakao, Zucker und Milch in einem Topf zusammenrührte.

«Was liest du denn da?» fragte sie.

«Ach, nur so einen Prospekt vom Mountain Retreat College.»

«Ist das das College, in das Rosemary gehen will?»

«Ja, und Bobby Lynn wahrscheinlich auch.»

Sie sah mich an.

«Du möchtest am liebsten auch hin, was?» fragte sie.

«Ich weiß, daß es nicht geht», sagte ich.

«Zeig mir das Heft», sagte sie, und ich gab es ihr.

Sie überflog den Text, sah sich die Bilder an und rührte dabei im Kakao. Dann füllte sie den Kakao in zwei Becher und setzte sich zu mir an den Tisch.

«Das muß ja wunderschön dort sein», sagte sie.

«Es kostet fast neunhundert Dollar im Jahr», sagte ich.

«Das ist nicht viel, wenn du bedenkst, daß Unterkunft und Verpflegung dabei sind», sagte sie.

«Aber ich muß doch arbeiten, damit ich was zum Haushalt beitragen kann», sagte ich.

«Irgendwie muß es gehen», sagte Mama.

Hoffnung durchfuhr mich bei diesen Worten.

«Du hast's verdient, daß du dorthin gehst, wenn du es willst», sagte Mama.

«Soll das heißen ...?»

«Das soll heißen, daß wir uns irgendwas ausdenken. Irgendwie müßte es gehen. Ich weiß doch, daß du hinwillst.»

«O Mama.» Ich hätte beinahe geweint.

Sie tätschelte mir die Hand.

«Schau dir mal diese kleine Brücke an ... Ist sie nicht wunderhübsch?» sagte sie.

«Und die Kapelle!» sagte ich aufgeregt. «Auf Seite 31. Sie ist noch hübscher!»

Und so schauten wir uns den Prospekt gemeinsam an. Sie war fast so aufgeregt wie ich bei der Vorstellung, ich könnte ins Mountain Retreat gehen.

«Irgendwie werden wir's schon schaffen, Tiny», sagte sie, bevor wir wieder ins Bett gingen. «Ich versprech's dir. Du mußt einfach hin!»

«O Mama! Danke!»

Ich umarmte sie. Dann ging ich wieder ins Bett und schlief tief und fest.

Am nächsten Tag konnte ich es gar nicht erwarten, Rosemary und Bobby Lynn zu erzählen, daß ich mit ihnen ins Mountain Retreat gehen würde. Wir umarmten einander und stießen Freudenrufe aus, und dann liefen wir zu Mr. Gillespie, um es ihm zu erzählen. Er war ganz schön stolz auf sich. Dann forderte ich vom College die Bewerbungsunterlagen an.

An diesem Abend holte Mama eine alte Zigarrenschachtel hervor und schrieb COLLEGE-KASSE darauf. Sie legte einen Zehn-Dollar-Schein und ein paar Münzen aus ihrem Geldbeutel hinein. Ich tat Kleingeld aus meinem Geldbeutel dazu. Dann schrieb sie auf kleine Zettel Ideen, wie man zu Geld kommen könnte, und warf sie in die Schachtel. Auf einen der Zettel schrieb Mama ERDBEERGELD.

«Aber du brauchst doch ein Auto!» sagte ich zu ihr.

«Nein, brauch' ich nicht. Ich kann doch mit Dixie fahren.»

«Aber du willst doch auch noch woanders hin als in die Arbeit.»

«Es wird schon gehen. Ich komm' schon zurecht.»

Das machte mir das Herz schwer. Ich konnte Mama das Erdbeergeld nicht mit gutem Gewissen wegnehmen. Vielleicht nächstes Jahr, aber dieses Jahr noch nicht. Sie brauchte wirklich ein Auto, und sie würde es um so mehr brauchen, wenn der Henry J weg war. Darum schrieb ich auf einen anderen Zettel RUBY MOUNTAIN AN DIE MINENGESELLSCHAFT VERKAUFEN.

«Nein!» sagte Mama mit Nachdruck. «Das wär' ja, als ob wir unsere Seelen verkaufen würden.»

Am nächsten Tag erzählte mir Mr. Gillespie von dem Ausbildungsförderungsgesetz von 1958.

«Du kannst dir das Geld von der Regierung leihen – wenigstens einen Teil davon – und ihn später mit niedrigen Zinsen zurückzahlen.»

Er half mir, die Bewerbung für dieses Darlehen zu schreiben, und am selben Abend schrieben wir DARLEHEN auf einen Zettel und legten ihn in die Schachtel.

«Sie haben auch Arbeitsstipendien», sagte mir Mr. Gillespie später. «Du kannst dir einen Teil deiner Unterhaltskosten verdienen, indem du im College aushilfst. Meine Frau hat dort im Speisesaal mitgearbeitet.»

Auch dieser Vorschlag wanderte in die Schachtel. Meine Stimmung wurde von Tag zu Tag besser. Die Bewerbungsunterlagen kamen an. Ich füllte sie aus und schickte sie zurück, und dann wartete ich. Rosemary, Bobby Lynn und ich träumten die ganze Zeit und redeten immerzu vom College.

«Ich glaube, ich werde Tante Evie fragen, ob sie bei uns wohnen will, wenn du weg bist», sagte Mama eines Abends.

«Das ist eine tolle Idee!» sagte ich. «Sie kann kochen und sich ums Haus kümmern und muß nicht in dieser Hütte wohnen!»

«Ja», sagte Mama. «Wir können uns gegenseitig ganz schön helfen.»

Und so schien es sich für alle zum Guten zu wenden.

«Ich werd' dich vermissen, Tiny», sagte Phyllis, während sie neben mir auf der Couch saß, sich an mich kuschelte und mir ihre kalten, schmutzigen Füße hinschob wie immer.

«Ich geh' ja nicht für immer weg», sagte ich und legte den Arm um sie. «Versprich mir, daß du dich um Nessie kümmerst.»

«Klar werd' ich das!» sagte sie. «Schreibst du uns dann?»

«Natürlich!»

Wir wurden alle drei im Mountain Retreat College angenommen, aber meine Stimmung sank wieder auf den Nullpunkt. Selbst wenn es mir gelang, neunhundert Dollar zusammenzukratzen, war das ja nur der Anfang. Man brauchte Kleider und Bücher, man hatte zusätzliche Kosten für das Labor und für den Sport, die Reise kostete etwas, das Auto mußte erhalten werden, Privatstunden mußten bezahlt werden – und so ging's endlos weiter.

«Und was ist im nächsten Jahr?» sagte ich zu Mama. «Und im Jahr drauf?»

«Darüber machen wir uns Gedanken, wenn's soweit ist!» sagte Mama. «Und jetzt hör auf, dir den Kopf zu zerbrechen!»

Und dann, eines Tages im März erlebte ich die Überraschung meines Lebens. Mr. Norse, unser Rektor, kündigte an, daß Cecil Hess die Abschiedsrede für die Klasse des Jahrgangs 1960 halten würde! Wir waren gerade in einer Versammlung, Cecil saß neben mir, und ich wurde fast ohnmächtig. Er wandte sich mir zu und lächelte, bevor er aufstand und den Applaus entgegennahm.

Cecil! So eine Auszeichnung! Na, das paßte ja zu ihm. Ich hatte gar nicht gewußt, daß seine Noten so gut waren. Ich hatte es nicht einmal geahnt. Niemand hatte es geahnt.

«Was sind deine Pläne?» fragte ich ihn an diesem Abend, als wir einen kleinen Spaziergang vor dem Haus machten. «Gehst du ins College?»

«Klar. Ich bin schon vor langem von der Universität von Virginia angenommen worden. Die Auszeichnung bedeutet, daß ich ein volles Stipendium bekomme.»

«Cecil! Warum hast du mir das nicht erzählt?»

«Ach, ich weiß nicht.»

Aber ich wußte es. Ich hatte ihn ja nie gefragt. Ich hatte mich nie genug mit ihm beschäftigt, um ihn überhaupt viel zu fragen, und er gehörte nicht zu denen, die gern von sich selber reden. Ich hatte einfach alles für selbstverständlich genommen. Der liebe, zuverlässige, immer freundliche Cecil, der immer da war wie ein Felsen, wie ein schweigsamer Felsen.

«Und was weiß ich sonst noch nicht von dir, Cecil?» fragte ich.

«Da gibt's noch was», sagte er und lächelte geheimnisvoll. «Vielleicht sollte ich's dir sagen, bevor wir beide ins College gehen.»

«Was denn? Sag's mir jetzt gleich!»

Er lachte.

«Na gut, ich bin in Wirklichkeit ein verkleideter Prinz. Mein Vater war der König von Irgendwo, und er wollte, daß ich eine normale Kindheit haben sollte, deshalb ...»

«Deshalb hat er dich zu einem Bergarbeiter hier ins Tal geschickt. Sehr witzig, dieser König!»

«Stimmt!» sagte er und lachte.

«Komm, sag's mir, Cecil.»

«Irgendwann, Tiny. Hab Geduld.»

Ich spürte ein seltsames Flattern im Magen.

Als es in diesem Jahr Frühling wurde, leuchteten die Berge im hellsten Grün und Weiß und Rosa, das man sich vorstellen kann. Ich konnte es nicht erwarten, morgens aufzustehen und aus dem Fenster zu sehen. Irgend etwas Neues, Frisches und Wunderbares machte sich mit dem Frühling in meinem Herzen breit. Die Zukunft sah heller und schöner aus als je zuvor. Zum ersten Mal in meinem Leben konnte ich mir etwas anderes vorstellen als Heiraten und Kinderkriegen. Vielleicht würden diese Dinge eines Tages wichtig sein, sagte ich mir, aber im Augenblick war ich mir selbst wichtiger als alles andere, und das schien irgendwie zu stimmen. Und dann merkte ich, daß ich manchmal ganze Tage lang nicht an Jesse dachte. Meine Wunden heilten langsam.

Als ich mich eines Morgens früh im April für die Schule anzog, wehten die frischen Gerüche des Frühlings durch die geöffneten Fenster herein.

«Die hiesigen Geschäftsleute haben annähernd dreihundert Dollar in Bargeld für den Gewinner des diesjährigen vierten Talentwettbewerbs der Black-Gap-High-School ausgesetzt», sagte der Radiosprecher. «Es ist der höchste Preis, der je für dieses Ereignis ausgesetzt wurde.»

Dreihundert Dollar? Ja, dreihundert Dollar! Dieses Geld würde einen großen Teil meiner Probleme lösen. Und der Talentwettbewerb sollte erst in zwei Wochen stattfinden. Ich setzte mich zitternd auf die Kante meines Bettes und erlaubte mir zum ersten Mal wirklich, an das schmachvolle Erlebnis im vergangenen Jahr zu denken. Es war so schmerzhaft gewesen, daß ich es vollständig verdrängt hatte und mir schwor, mich nie wieder einer solchen Demütigung auszusetzen.

Aber führte Gott mich jetzt in Versuchung? dachte ich. Sagte er, stürz dich noch einmal in das Abenteuer? Sollte ich es wagen, es noch einmal zu probieren? Und wenn ich wieder scheiterte? Würde ich je darüber hinwegkommen?

27

Es war das wichtigste Wochenende unseres Abschlußjahres mit dem Talentwettbewerb am Freitag abend und dem Studentenball Samstag nacht, und es war die Woche, in der ich den Henry J hatte.

Das Preisgeld war auf dreihundertfünfundsiebzig Dollar angestiegen, und natürlich mußte ich zusehen, daß ich so eine Menge Geld bekam, und deshalb meldete ich mich noch einmal zum Wettbewerb an.

An dem großen Abend stand ich mit Bobby Lynn hinter der Bühne. Ich trug wieder das blaue Kleid vom Vorjahr und hatte meine Haare zu einem Knoten aufgesteckt, mit kleinen Löckchen rund ums Gesicht und im Nacken. Alle sagten mir, ich sähe hübsch aus, was mein Selbstvertrauen stärkte.

Cecil, Mama, Phyllis, Roy und Rosemary saßen vorne in der ersten Reihe. Die Jungen hatten nicht kommen wollen. Hinter ihnen saß ein Grüppchen Hinterwäldler aus Loggy Bottom ganz dort oben, die jedesmal, wenn jemand auf die Bühne kam, pfiffen und johlten. Einer von ihnen, ein schlaksiger Neuntkläßler, sollte bei dem Wettbewerb Banjo spielen. Vielleicht meinten sie, ihr Kamerad würde einen besseren Eindruck machen, wenn sie bei allen anderen mächtig aufdrehten.

Und dann waren an diesem Abend eine Menge Babys da, und jedes einzelne schrie oder quengelte. So ein lautes Publikum hatte es noch nie gegeben. Und alle husteten! Man hätte meinen können, es ginge eine Keuchhustenepidemie um. Und außerdem wußte ich, daß sie mich vom vergangenen Jahr kannten und sich alle fragten, ob ich wieder wie gelähmt dastehen würde. Ja, ich ging auf und ab und war nervös, aber bis jetzt noch nicht zu Stein erstarrt. Ich hielt es bloß nicht außerhalb des Ruheraums aus. Ich mußte immer wieder dorthin zurückgehen. Und dort saß ich dann auch, zehn Minuten vor meinem Auftritt, in einer kleinen Kabine, als zwei Mädchen in den Ruheraum kamen. Ich hörte sie miteinander sprechen.

«Hast du schon von Tiny Lambert gehört?»

«Du meinst, daß ihr Stiefvater sie vergewaltigt hat?»

«Ja, alle haben heut' beim Turnen drüber gesprochen.»

«Hat er sie wirklich vergewaltigt?»

«Ja. Kannst du dir vorstellen, wie das ist?»

«Es tut sicher furchtbar weh.»

«Sie muß sich ja schrecklich fühlen.»

Wie betäubt ging ich zurück in die Kulissen, wo Bobby Lynn auf mich wartete.

Alle wissen es. Alle wissen es.

«Bobby Lynn, was hast du über mich erfahren?»

«Ich weiß nicht, was du meinst», sagte sie, aber sie schaute weg.

«Weiß Cecil es?»

«Was denn? Hör mal, Tiny, mach dich nicht total fertig, bevor du dran bist.»

Die Gedanken jagten sich in meinem Kopf. Wer hatte es verraten? War es Beau oder Luther? Nein, sie würden nie so etwas von ihrem Daddy sagen. Und Mama würde es bestimmt niemandem erzählen. Dann mußte es Vern oder dieser schmierige Priester gewesen sein. Ja, es mußte Reverend Altizer gewesen sein. Klatsch, den er unbedingt loswerden mußte. Dieser Widerling!

«O Gott, Bobby Lynn, es ist schrecklich.»

Ich vergrub mein Gesicht in den Händen.

«Alle wissen es», sagte ich.

«Niemand weiß was», sagte Bobby Lynn und legte den Arm um mich.

Ich konnte nicht anders. Ich spähte durch die Vorhänge ins Publikum. Der Saal war brechend voll. Hunderte und aber Hunderte von Menschen. Und jeder von ihnen wußte, was Vern mir angetan hatte.

Die Hinterwäldler buhten wieder jemanden auf der Bühne aus, und ich sah, wie Mr. Norse versuchte, sie zum Schweigen zu bringen. Aber es war vergeblich. Und was war, wenn sie versuchten, mich mit Zwischenrufen fertigzumachen? Und wenn alle Babys im Chor zu schreien anfingen, während ich sang?

Meine Knie begannen zu zittern. Und was, wenn ich da draußen zusammenbrach? Wenn ich den Text meiner Lieder vergaß? Nicht den Mund aufmachen und anstatt zu singen ins Mikrophon rülpsen würde?

«Still jetzt!» sagte ich zu mir selbst.

Aber mein Selbst wollte den Mund nicht halten.

Was war, wenn der Träger meines Büstenhalters verrutschte und zu sehen war? Oder wenn mir die Unterhose runterfiel? Oder wenn ...?

Mein Gott, da war ja Jesse! Jesse Compton saß da draußen in seiner Fliegeruniform! Er hatte mir gar nicht gesagt, daß er heimkommen wollte. Er sah phantastisch aus, und Connie Collins saß neben ihm.

«O Bobby Lynn, da unten sitzt ja Jesse!»

«Was? Wo denn?»

Bobby Lynn spähte hinaus.

«Er ist mit Connie da», sagte ich.

«Dieses Ekel!» sagte sie. «Laß dich bloß nicht durcheinander bringen von ihm, Tiny. Er ist es nicht wert.»

Jesse hat es inzwischen auch erfahren, dachte ich. Und Connie. Alle.

Ich bekam einen trockenen Mund .

«Ich wollte, ich könnte dir helfen, Tiny», sagte Bobby Lynn mit sanfter Stimme.

«Weißt du, wo ich fünf Minuten allein sein könnte?» fragte ich.

«Aber dein Auftritt kommt doch gleich. Calvin geht gerade hinaus. Du bist nach ihm dran.»

«Nur zwei Minuten, Bobby Lynn. Bitte!»

«Gut.»

Bobby Lynn sah sich hektisch um. Der einzige Ort, der in Frage kam, war der Ankleideraum, kaum größer als ein Kleiderschrank und voll von Mädchen.

«Bitte, könntet ihr für einen Moment rausgehen!» hörte ich Bobby Lynn zu den Mädchen sagen, während ich zitternd dastand und mich am Vorhang festklammerte. «Bitte, laßt Tiny einen Augenblick hier rein!»

«Wieso denn?» murrten sie.

«Damit sie beten kann!» sagte Bobby Lynn rasch. «Es ist ein Notfall. Sie ist gleich dran, und sie muß vorher unbedingt beten.»

«Na gut.»

Sie verließen den Ankleideraum, und ich schlüpfte hinein.

«Ich klopf' an, wenn es soweit ist», sagte Bobby Lynn und schloß die Tür. Mit fliegendem Herzen und kurzem, heftigem Atem sank ich, ohne Zeit zu verlieren, auf die Knie und flüsterte: «Willa, Willa ...»

Auf der Wand gegenüber stand «Kilroy was here», und es roch nach Schweiß und schmutzigen Haaren und nicht nach Willas Geißblattduft. Aber sie war irgendwie doch da. Ich konnte ihr Gesicht und etwas von ihren Haaren sehen, die sie wie ein durchsichtiger Schleier umgaben. Und dieses Gesicht erschien und verschwand wieder in dem düsteren muffigen Raum.

«Willa, hilf mir ...»

«Sing *Im Frühling seh' ich dich*», sagte sie leise.

«Aber das haben wir gar nicht geübt», wandte ich ein.

«Sing *Im Frühling seh' ich dich* nach *Der wilde Wind*», sagte sie mit Nachdruck, und dann verschwand ihr Gesicht.

«Aber Willa ...?»

«Sing nur für mich», sagte sie, und dabei entfernte sich ihre Stimme von mir und entschwand zur Decke hin.

Dann klopfte Bobby Lynn.

«Und dann, Tiny», fuhr die sich auflösende Stimme fort, «vergiß nicht, dir selbst gut zuzureden, wie dir Tante Evie geraten hat.»

Eilig machte ich mich auf den Weg.

«Erst *Der wilde Wind* und dann *Im Frühling seh' ich dich*», sagte ich zu Bobby Lynn, während wir zur Bühne gingen.

«*Im Frühling seh' ich dich?* Aber das haben wir doch gar nicht geübt, Tiny.»

«Bitte Bobby Lynn, spiel's für mich, ja?»

«Ja, gut, dann also *Im Frühling seh' ich dich.*»

«Tiny Lambert!» sagte der Conférencier.

Alle applaudierten höflich, als ich mit Bobby Lynn auf der Bühne erschien. Zum ersten Mal an diesem Abend senkte sich völlige Stille über den Zuschauerraum. Kein Baby schrie, niemand hustete oder machte spöttische Bemerkungen. Ich hatte die volle Aufmerksamkeit gewonnen. Bobby Lynn begann ihr Vorspiel zu *Der wilde Wind.*

«Tiny», sagte ich im stillen zu mir, «du kannst besser singen als alle anderen hier.»

Ich schluckte und begann zu singen, zuerst zögernd und immer noch zitternd. Doch als meine Stimme kräftiger wurde, löste sich die Spannung in meinem Körper.

Als ich fertig war, klatschte das Publikum begeistert.

«Du bist die beste, Tiny!» sagte ich zu mir, während Bobby Lynn ein Vorspiel zu *Im Frühling seh' ich dich* spielte.

Dann sang ich für Willa, wie sie's mir gesagt hatte.

Ich seh' dich in der Weide
am Wasser trauernd stehn.
Ich seh' dich im jungen Fohlen
träumend im Grase gehn …

Und während ich sang, sah ich mich und Willa, wie wir Gänseblümchen pflückten und uns im Gras herumwälzten … wie wir auf der Veranda spielten und singen lernten … wie Willa meine Tränen trocknete, als sie in diesen schrecklichen Stunden vor zwei Jahren zu mir kam … wie ich mir eine Phantasiewelt schuf, um während dieses feuchten, grauen Sommers die Verzweiflung zu vertreiben … wie Willa im Mondlicht tanzte und wie sie an meinem Fenster saß, während ich Jesse nachweinte.

Nachts durch die Frühlingsluft
schwebt ein zarter Duft,
umschlingt mich wunderbar
wie Bänder aus deinem Haar.

Wie Lieder, die du sangst,
so klingt's im Wind für mich,
auch wenn du nie mehr kommst,
im Frühling seh' ich dich.

Der Applaus riß mich aus dem Willa-Zauberbann. Er war gewaltig. Das Stampfen und Rufen durchpulste mich wie Trommelschläge. Es war der köstliche Klang der begeisterten Zustimmung. Alle hatten sich erhoben.

Ich lächelte und verbeugte mich leicht. Bobby Lynn stellte sich neben mich und grinste von Ohr zu Ohr.

«Du bist einfach Klasse!» sagte sie.

Wir verließen die Bühne, aber der Applaus wollte kein Ende nehmen.

«Zugabe?» fragte Bobby Lynn Mrs. Miller, unsere Vertrauenslehrerin, die hinter dem Vorhang stand, mir zulächelte und auch applaudierte.

«Nein, bei einem Wettbewerb geht das nicht», sagte sie. «Aber du kannst dich noch einmal verbeugen, Tiny.»

Also ging ich noch einmal auf die Bühne, und der Applaus schwoll wieder an. Diesmal sah ich deutlich Cecil neben Mama, Phyllis, Roy und Rosemary sitzen, und sie alle strahlten mich an. Die Hinterwäldler hinter ihnen klatschten lauter als alle anderen, und in der Reihe dahinter stand Jesse. Er klatschte Beifall und sah mich sehr ernst an. Connie hatte sich bei ihm eingehängt, runzelte die Stirn und klatschte nicht.

Eine halbe Stunde später war der Wettbewerb vorbei, und ich hörte, wie mein Name als Siegerin ausgerufen wurde. Wieder ging der Applaus los. Diesmal sah ich, daß Mama weinte, und ich fing selbst zu weinen an.

Aus irgendeinem Grund kam mir plötzlich ein kalter Oktobermorgen in den Sinn. Rauhreif schimmerte auf den Bergen, und ich fuhr in der Morgendämmerung eine einsame Straße entlang und dachte: *Ich habe überlebt!*

28

Am nächsten Morgen breitete ich mit Phyllis gemeinsam alle meine Preise im Wohnzimmer auf der Couch und auf den Stühlen aus. Außer dem Bargeld hatte ich Geschenkgutscheine für fast jedes Geschäft in der Stadt, ein Kofferset, eine Uhr, ein Radio, vier Autoreifen, Schmuck, ein Spray-Parfüm (Emeraude von Coty), jede Menge Süßigkeiten, Blumen und Make-up gewonnen. Mr. Theodore Collins, dem das Spirituosengeschäft gehörte, konnte seine Waren natürlich nicht an Oberschüler verschenken und spendierte deshalb einen Urlaub für den Sieger und einen Gast in Virginia Beach. Busfahrt, Übernachtung im Hotel für vier Nächte und zwölf Mahlzeiten inklusive.

«Nimm mich mit, Tiny», bettelte Phyllis. «Bitte bitte, nimm mich mit!»

«Ich würd's ja gern machen, Phyllis, aber sag doch selbst, wenn du gewonnen hättest, wen würdest du mitnehmen?»

«Mama.»

«Genau. Ich nehme Mama mit.»

«Wohin nimmst du mich mit?» Mama kam ins Wohnzimmer.

«Nach Virginia Beach.»

«Wie bitte?» Sie blieb wie angewurzelt stehen. «Doch nicht mich! Du nimmst doch sicher lieber Bobby Lynn oder Rosemary mit.»

«Nein, ich will dich mitnehmen.»

«Ja wirklich, Mama. Sie will dich mitnehmen», sagte Phyllis.

«Ich wüßte ja gar nicht, wie man sich da benehmen muß», sagte sie langsam und bekam einen träumerischen Ausdruck.

Sie sah sich schon selbst am Meer spazierengehen.

«Und außerdem hab' ich nicht mal einen Badeanzug.»

«Ich hab' doch einen Geschenkgutschein vom Style Shoppe. Da kannst du dir einen kaufen. Wir kaufen uns beide einen.»

Da lächelte sie.

«Also wirklich!» sagte sie. «Ich am Strand! Ich war ja noch nie am Meer.»

«Ich doch auch nicht», sagte ich. «Stell dir doch mal vor, Mama, wir wohnen in einem Hotel am Meer, und wir können im Restaurant frühstücken!»

«Im Restaurant frühstücken?» Sie lächelte. «Au, das muß ich Dixie erzählen!»

Sie lief zum Telefon.

«So ein Durcheinander!» Beau kam ins Wohnzimmer. «Hast du diesen ganzen Krempel gewonnen, bloß weil du ein Lied gesungen hast?»

«Sie hat zwei Lieder gesungen, und sie war mindestens so gut wie Peggy Lee und sogar noch besser», sagte Phyllis.

«Pah!» sagte Beau.

Er nahm einen Freundschaftsring in die Hand und drehte ihn hin und her.

«Ist der was wert?»

«Ungefähr fünf Dollar», sagte ich.

«Oho!»

«Beau ist eifersüchtig», sagte Phyllis.

«Auf was denn?» schnaubte er. «Was soll ich denn mit einem Mädchenring?»

«Ihn Sissy Hess geben!» sagte Phyllis mit einem Grinsen.

«Halt bloß den Mund!» brüllte er los.

«Hat sich Beau etwa in Sissy Hess verguckt?» fragte ich.

«Ja, er hat ihr neulich, wo's geregnet hat, die Schulbücher zum Bus getragen», sagte Phyllis und bückte sich schnell, weil er im Spaß zu einer Kopfnuß ausholte.

«Beau!» lachte ich. Ich spürte, daß er versuchen wollte, wieder mit uns Freundschaft zu schließen. «Diese Sissy Hess ist so süß wie ein geflecktes Hündchen!»

Beau grinste, packte mich an den Beinen, und im nächsten Augenblick wälzten wir uns am Boden. Er begann mich zu kitzeln, und er war so stark, daß ich mich nicht aus seinem Griff befreien konnte. Dann fiel Phyllis über ihn her, um mir zu helfen, und Luther kam herein und machte das Durcheinander komplett. Wir lachten so laut, daß wir gar nicht hörten, wie Mama nach uns rief. Schließlich hörte ich sie doch, und als es mir gelang, durch all die Arme und Beine rings um mich hindurchzuschauen, standen Mr. Gillespie und eine hübsche Frau mitten im Zimmer und schauten auf uns herunter. Ich bekam beinahe einen Herzanfall. Beide lächelten.

«Herrjemine!»

Ich arbeitete mich aus dem Gewühl heraus.

«Hör auf, Luther! Es reicht. Hallo, Mr. Gillespie. Schluß jetzt, Beau, Phyllis!»

Schließlich kapierten die Kleinen, daß uns jemand zusah, und sie rollten auf die Seite und waren plötzlich mucksmäuschenstill.

«Hallo, Mr. Gillespie», sagte ich noch einmal ganz außer Atem. Mein Gesicht glühte.

«Grüß dich, Tiny», sagte er lachend. «Meine Frau und ich wollten auf einen Sprung vorbeikommen, um dir zu gratulieren.»

«Entschuldigen Sie bitte dieses Durcheinander!» sagte ich und schob alles von der Couch, um Platz für sie zu machen. «Setzen Sie sich doch!»

Sie setzten sich auf die Couch. Mrs. Gillespie sah aus wie eine Prinzessin, zierlich und hübsch.

«Wollen Sie ein bißchen Limonade oder Kaffee?» fragte Mama nervös.

«Nein danke», sagten sie.

Ich setzte mich neben Mama auf die andere Couch. Die Kleinen waren außergewöhnlich ruhig. Es war ein großes Ereignis, einen High-School-Lehrer zu Besuch zu haben, vor allem den Orchesterleiter, den jeder kannte.

«Du weißt ja, Tiny», sagte Mr. Gillespie, «daß meine Frau das Mountain Retreat besucht hat.»

«Ja, das haben Sie mir gesagt.»

Mrs. Gillespie lächelte mich an.

«Sie haben schön gesungen gestern abend, Tiny», sagte sie. «Sie werden gut ins Mountain Retreat passen.»

«Danke.»

«Ich war Waise», fuhr sie fort.

Sie sah wahrhaftig nicht so aus, wie man sich eine Waise vorstellt. In ihrem Sommerkleid, mit dem kleinen Hütchen, den Handschuhen und den hochhackigen Schuhen sah sie unglaublich schick aus. Luther konnte seine Augen gar nicht von ihr losreißen.

«Als ich ins Mountain Retreat ging, hatte ich nichts außer dem sehnlichen Wunsch, das College zu besuchen und Musik zu studieren. Irgendwie habe ich das Unterrichtsgeld zusammengebracht. Ich mußte sparsam sein, aber es hat so viel Spaß gemacht!» sagte Mrs. Gillespie. «Du hast eine Menge Schönes vor dir, Tiny.»

«Ich weiß!» sprudelte ich heraus. «Ich bin so aufgeregt, daß ich keinen klaren Gedanken mehr fassen kann!»

Die anderen teilten diese Aufregung mit mir, und wir waren bester Laune. Wir machten es uns gemütlich, sprachen über das Mountain Retreat College, vereinbarten, uns zu schreiben und uns an Weihnachten wiederzutreffen, damit ich von meinen Fortschritten erzählen konnte. Mrs. Gillespie erzählte mir alles von den Clubs und was man sonst wissen mußte, von den gemeinsamen Wanderungen, dem Schwimmen im See, den Ausflügen nach Asheville, wo es Kinos und Pizzerias gab. Ich wußte nicht, was eine Pizzeria war, aber ich traute mich nicht zu fragen. Sie erzählte über eine Stunde lang, und die Kleinen brachen den Weltrekord im Stillhalten und in guten Manieren. Dann mußte Mr. Gillespie sie zum Aufbruch mahnen.

«Heute abend ist der Studentenball!» sagte er zu seiner Frau. «Und Tiny muß sich jetzt sicher zurechtmachen. Mit wem gehst du hin, Tiny?»

«Mit Cecil Hess.» Ich merkte, daß ich rot wurde, als ich seinen Namen sagte.

«Ach, Cecil Hess, der die Abschiedsrede halten durfte! Ein netter Junge!»

Ich konnte kaum Luft kriegen vor Aufregung.

Als sich Mrs. Gillespie gerade von den Kleinen verabschiedete, legte Mr. Gillespie seine Hände plötzlich auf meine Schultern, küßte mich auf die Stirn und sagte: «Meinen Glückwunsch, Ernestina.»

Dabei lächelte er mir verschmitzt zu.

Mir stockte der Atem.

Dann gingen sie.

«Es läuft alles so gut», sagte Mama mit fröhlicher Stimme. «Ich kann kaum glauben, daß es wirklich wahr ist.»

«Weißt du was?» rief ich. «Es ist wie Weihnachten, nur noch schöner! Alle guten Sachen kommen zugleich.»

«Wir müssen jetzt deine Haare für heute abend zurechtmachen», sagte sie. «Du wirst die Schönste auf dem ganzen Ball sein.»

Als wir gerade die Treppen hinaufrennen wollten, läutete das Telefon. Phyllis, Beau und Luther stürzten hin, und Luther war als erster dran.

«Für dich, Tiny. Es ist Jesse.»

Er warf mir die Bombe vor die Füße und verschwand aus der Diele. Mama sah mich an. Ich schaute zu meinen Knien runter, die plötzlich ganz weich wurden.

«Willst du nicht mit ihm reden?» fragte Phyllis.

Mama klopfte mir auf die Schulter.

«Geh nur hin, Tiny. Red mit ihm.»

Es war wieder wie Lampenfieber. Mama schob die Kleinen außer Hörweite, und ich nahm den Hörer mit zitternden Händen auf.

«Hallo.»

«Hallo Tiny. Ich bin's, Jesse.»

«Grüß dich, Jesse. Wie geht's?»

«Nicht besonders gut.»

«Wieso denn?»

«Na, ich hab' dich gestern abend gesehen und singen gehört», sagte er leise.

«War's denn so schlecht?» scherzte ich.

«Du warst wunderschön, und du hast wunderschön gesungen, und ich hab' mich wieder in dich verliebt.»

Ich merkte, daß meine Backen glühten.

«Und ich weiß es, Tiny, du hast *Im Frühling seh' ich dich* nur für mich gesungen. Das war das letzte, was ich zu dir sagte, bevor ich zur Luftwaffe ging, weißt du noch? Ich weiß, daß du dich dran erinnerst. Ich hab' genau gespürt, daß du's für mich gesungen hast.»

Ich sagte ihm nicht, daß ich dieses Lied für Willa gesungen hatte und daß ich in diesem Augenblick nicht einmal an ihn gedacht hatte.

«Hörst du noch, Tiny?»

«Ja, ich höre noch.»

«Wir gehören zusammen, Tiny. Ich war ein Idiot, daß ich dich hab' gehn lassen.»

Irgendwie klang es nicht echt. Und ich mußte an Tante Evie und ihren Ward denken.

«Ich möchte heute abend mit dir zum Ball gehen, Tiny.»

«Ich geh' mit Cecil.»

«Ich hab's gehört. Ich weiß, daß Cecil und du wie Bruder und Schwester seid, das hast du mir immer gesagt. Darum hab' ich ihn angerufen und ihn gefragt, ob's ihm was ausmachen würde, uns zusammen gehen zu lassen. Er weiß, was wir füreinander empfinden.»

«Und was hat Cecil gesagt?»

«Er hat gesagt: Wie Tiny will. Und er hat gesagt, daß ihr abgemacht habt, daß sich's jeder noch anders überlegen kann.»

«Glaubst du, Cecil war sauer?»

«Nein! Du weißt doch, wie gutmütig er ist.»

Ja, ich wußte, wie gutmütig Cecil war. Ich sah im Geiste Jesse und mich auf dem Ball. Er in seiner Uniform und ich in meinem blauen Abendkleid, wie wir übers Parkett wirbeln.

«Mein Schatz ist so süß.» Ich hörte das Lied wieder.

Alle Augen würden auf uns gerichtet sein.

Und dann war da plötzlich Cecil.

«Ich will mit Cecil gehen», sagte jemand, und dieser Jemand war ich.

«Ich hab' dir doch gesagt, Pfirsichblüte, daß es Cecil nichts ausmacht. Wir sind doch jetzt wieder zusammen, oder?»

«Nein, Jesse. Ich bin jetzt mit Cecil zusammen.»

Hatte ich das gesagt?

«Was sagst du da, Tiny?»

«Ich würde mit niemand anderem zum Ball gehen als mit Cecil.»

«Ach so.» Etwas anderes fiel ihm nicht mehr ein.

«Danke, daß du mich gefragt hast, Jesse. Es hat mir gutgetan.»

«Ich muß morgen wieder nach Texas zurück», sagte er.

«Ja, dann ...»

«Also gut», sagte er und räusperte sich. «Auf Wiedersehen, Tiny.»

«Auf Wiedersehen, Jesse.»

Und dann legten wir beide den Hörer auf. Ich wählte Cecils Nummer. Kaum läutete es, wurde schon abgehoben. Er mußte direkt neben dem Telefon gestanden haben.

«Hallo Cecil.»

«Hallo Tiny.»

«Hast du das Ansteckbukett für mich schon gekauft?»

«Ja. Soll ich's zurückbringen?»

«Um Himmels willen, nein! Warum auch?»

«Gehst du denn nicht mit Jesse?»

«Ich habe Jesse gesagt, daß ich mit niemand zum Ball gehen würde außer mit dir.»

«Wirklich?»

«Wirklich.»

Ich hörte ihn aufatmen. Ich lächelte.

«Du mußt dich nicht verpflichtet fühlen, Tiny, das weißt du. Das haben wir doch so abgemacht.»

«Ich weiß. Aber ich will mit dir gehen.»

«Wirklich? Sagst du's nicht nur so?»

«Ich sage es, aber ich sage es nicht *nur so*. Ich will mit dir gehen.»

«Also, die Blumen sind weiß mit blauem Rand. Ich hoffe, sie gefallen dir.»

«Klingt Spitze.»

«Du bist Spitze, Tiny Lambert!»

Ich mußte lachen vor lauter Glück.

«Also, bis gleich!» sagte er.

«Bis gleich!» antwortete ich lachend.

Und dann rannte ich hinauf und nahm immer zwei Stufen auf einmal.

29

Cecil und ich waren ein schönes Paar. Alle sagten das. Wir tanzten alle langsamen Tänze zusammen und hatten überhaupt keine Lust, jemand anderen aufzufordern. Wir hielten uns an der Hand und schauten uns in die Augen, als entdeckten wir uns ganz neu.

Alle schauten zu uns her und versuchten, mit uns zu reden. Die Leute gratulierten mir, daß ich beim Talentwettbewerb gewonnen hatte, und Cecil, daß er die Auszeichnung bekommen hatte, aber wir waren nur damit beschäftigt, verliebt zu sein. Ich fragte mich, wie ich all die Jahre in seiner Nachbarschaft hatte leben können, ohne je zu bemerken, wie wunderbar er war.

Später gingen wir ins Miner's Diner, wo ein üppiges Frühstück auf uns wartete, aber ich erinnere mich nicht mehr, was wir gegessen haben oder ob wir überhaupt etwas gegessen haben. Und dann fuhren wir heim, in der Wärme der Aprilnacht, der Sterne und des anderen.

Auf der Hollywoodschaukel auf unserer Veranda sprachen wir um vier Uhr morgens miteinander, wie wir noch nie miteinander gesprochen hatten. Über unsere gemeinsame Jugend, über all die lustigen Dinge, die passiert waren, und auch über die traurigen. Ich sagte, ich würde ihm eines Tages all die traurigen Dinge genauer erzählen, wenn es nicht mehr so weh tat, und er legte seinen Finger auf meinen Mund und sagte: «Psst. Wir haben viel Zeit.»

Und dann sprachen wir über die kommenden Monate. Daß nur noch ein paar Wochen lang Schule war und daß wir den Sommer und die Ferien zusammen verbringen wollten, und daß ich ihn in Charlottesville besuchen würde und er mich im Mountain Retreat College.

Dann sagte er, daß er mich immer geliebt habe, und ich sagte, daß ich glaubte, im Innersten hätte ich ihn auch immer geliebt. Ich mußte nur alt genug werden, um es zu merken.

«In der dritten Klasse hab' ich dir ein Valentinsbriefchen geschickt», sagte er. «Aber ich hab' mich nicht getraut, es zu unterschreiben.»

«Das war von dir? Ich hab's noch!»

Und ich beschloß, daß ich unter die Frage: LIEBST DU MICH? auf diesem alten Valentinsbriefchen die Antwort JA schreiben und es ihm am nächsten Valentinstag in die Universität schicken würde.

«Einmal», erzählte er, «hat Luther sich in unsere Telefonleitung eingeschaltet und gehört, wie ich jemandem gesagt hab', daß ich dich mag, und daraufhin hat er mich jahrelang erpreßt!»

«Ja, Luther hat mir damals gesagt, daß mich *jemand* mag, aber er wollte um keinen Preis verraten, wer.»

«Ich hab' einmal im Damespiel gegen ihn gewonnen», fuhr Cecil fort.

«Du hast gegen Luther gewonnen?»

«Ja, aber er sagte, wenn ich's jemandem verraten würde, würde er dir sagen, was er mitgehört hatte.»

«Na, jetzt kannst du's aller Welt sagen!»

Dann küßten wir uns zum Abschied. Es war ein sehr zärtlicher Kuß.

Später, als ich im Bett lag, dachte ich über dieses wunderbare Gefühl nach, und ich wäre beinahe darüber eingeschlafen, als mir plötzlich klar wurde, daß ich bei Jesse genau dasselbe empfunden hatte, und fast dasselbe bei Mr. Gillespie.

Tante Evie hatte gesagt, daß man sich mehr als einmal verlieben kann. Es mußte wahr sein. Wie sollte ich also wissen, wann es wirklich ernst war?

«Liebe ist mehr als ein Gefühl», hatte Bobby Lynns Vater gesagt.

Gut, dachte ich, mit Cecil will ich nicht gleich die ganze Zukunft planen. Ich werde einfach in den Tag hineinleben. Vielleicht kommt dann alles von selbst.

Als das Licht des Tages in mein Zimmer flutete, wachte ich auf. Eine große Leere tat sich in mir auf, wo vorher etwas gewesen war. Was sollte das bedeuten?

«Willa?» flüsterte ich, aber sie war nicht da.

Nessie hob den Kopf und begann mit dem Schwanz zu wedeln.

Ich sprang aus dem Bett, schlüpfte in meine Blue Jeans und rannte die Treppe hinunter, Nessie mir auf den Fersen. Ich nahm den Autoschlüssel vom Haken und verließ das Haus. Nessie sprang auf den Rücksitz, und wir fuhren in der Morgensonne den ganzen Weg bis zum Gipfel hinauf.

Ich war zum ersten Mal im Leben allein auf dem Ruby Mountain. Doch Willa würde da sein. Sie mußte einfach da sein. Ich rief ihren Namen, aber sie erschien mir nicht. Ich roch auch ihren Geißblattduft nicht, aber ich sagte mir, daß es ja noch nicht Mai war. Die Obstbäume blühten, und überall sprießten wilde Blumen, aber Willas Farben und ihr Duft fehlten. Ich rannte zum Erdbeerfeld und zu der Quelle, dann in das Holzhaus und schließlich zu der Trauerweide und rief sie immerzu, aber sie war nicht da.

Und dann fiel mir ein: «Im Frühling seh' ich dich!» Damit hatte sie mir gesagt, daß ich sie nicht mehr brauchte, das war ihr Abschied.

Nachts durch die Frühlingsluft
schwebt ein zarter Duft,
umschlingt mich wunderbar
wie Bänder aus deinem Haar.

Wie Lieder, die du sangst,
so klingt's im Wind für mich,
auch wenn du nie mehr kommst,
im Frühling seh' ich dich.

«Willa! Willa! Komm zurück!»

Aber ich wußte, während ich dem Himmel entgegenlief, daß sie nie, nie wieder zurückkommen würde.

RUTH WHITE

Die Schlangenbrücke

Aus dem Amerikanischen von Bettine Braun.
176 Seiten, gebunden mit Schutzumschlag.

«Ab und zu gibt es ein Jugendbuch, bei dem man ahnt, daß der Autor hier von seiner Jugend erzählt hat, richtiger wohl vom Langsam-sich-aus-der-Jugend-Entfernen ... Ein solcher Roman ist Ruth Whites *Die Schlangenbrücke*. Die 1942 geborene Autorin wuchs ebenso wie ihre Heldin Ginny im südwestlichen Virginia auf, dort wo die Bergwerksgebiete der Appalachen sind. Ginny erzählt zunächst von schmerzlichen Dingen, dem Tod ihres Vaters, dem bitteren Schicksal ihrer besten Freundin, der Häme, die sie als Fremde am Ort verfolgt, aber es geschieht mit der gleichen Leichtigkeit, wie sie dann auch über ihre Spiele und Vergnügungen berichtet, die lebensgefährlichen Abenteuer im Bach und im Wald. Sie erzählt auch von Träumen, echten und Wunschträumen, und über allem liegt die seltsame Unwirklichkeit einer selbsterlebten Geistererscheinung.»

Klaus Seehafer / Frankfurter Allgemeine Zeitung

«Man merkt es dem Buch an, daß Ruth White, Lehrerin von Beruf, im Kohlenrevier aufgewachsen ist. Ihre Geschichte, gekonnt aus der Sicht der kleinen Ginny erzählt, ist voller Atmosphäre, echt im Milieu, präzise in der Beschreibung eines Amerikas, das vom vielbeschworenen ‹Amerikanischen Traum› meilenweit entfernt ist.»

Otto Kuhn / Stuttgarter Nachrichten

FRANCES HENDRY

Die unheimliche Schwester

Aus dem Englischen von Katja Seydel.
256 Seiten, gebunden.

Die Hauptfigur, Meg, Tochter eines angesehenen schottischen Schiffsbaumeisters, ist eng mit ihrer Schwester Inge verbunden, welche übernatürliche Kräfte besitzt, die sie allerdings nicht nur für andere einsetzt, sondern auch, um selber zu Macht und Einfluß zu gelangen. Daraus entsteht ein Konflikt zwischen den Mädchen, denn Meg, von Natur aus sensibel und hilfsbereit, kann es nicht ertragen, daß Inge ihre Zauberkräfte mißbraucht.

«Mir gefällt das Buch nicht nur deshalb so gut, weil es sehr anschaulich und spannend das Schottland des dreizehnten Jahrhunderts mit den schrecklichen Kämpfen der Lords, den Grausamkeiten der Hexenverfolgung und der engstirnigen, oft herzlosen Denkweise der Menschen beschreibt. Meg, die Hauptperson, ist so charakterfest, mutig und tapfer, daß sie trotz ihrer Schwächen und schwerer Niederlagen ihren Grundsätzen treu bleibt. Wohl auch deshalb findet sie Freunde, die ihr Halt geben. Weiter gefällt mir, daß die Autorin keiner Schwarz-Weiß-Malerei verfällt. Gut und Böse sind nie vollständig voneinander getrennt, jede Person der Geschichte weist zwei Seiten auf. – Ich halte das Buch für unbedingt lesenswert.»

Annette Herz, 16 Jahre. Rheinischer Merkur

ROSEMARY SUTCLIFF

Tristan und Iseult

Aus dem Englischen von Bettine Braun.
Mit Illustrationen von Victor Ambrus.
134 Seiten, gebunden mit Schutzumschlag.

«Dies war aber das erste Mal, daß sie einander berührten, seit die Prinzessin Tristans Wunden gepflegt hatte, und es war eine andere Art der Berührung; und als er sie niederließ, fanden sich ihre Hände, als wollten sie die Nähe nicht so rasch enden lassen. Und wie sie da so Hand in Hand standen, blickten sie einander an, und Tristan sah, daß die Augen der Prinzessin von einem dunklen Blau waren wie das Gefieder der wilden Waldtauben; und sie sah, daß die seinen grau waren wie das unruhige Meer jenseits der Bucht. Und sie standen so nahe beieinander, daß jeder sein eigenes Spiegelbild in den Augen des anderen sah; und es war, als ginge in diesem Augenblick etwas von Iseult in Tristan ein und etwas von Tristan in Iseult, das sie ihr Leben lang nicht mehr verlieren würden.»

«Ein literarisches Meisterwerk, eine dramatische Liebesgeschichte … Wer hierin einmal angefangen hat zu lesen, der kann nicht mehr aufhören.»

Arbeitsgemeinschaft Jugendliteratur Berlin

Verlag Freies Geistesleben

ALAIN-FOURNIER

Der große Meaulnes

Roman
Mit einem Nachwort von Maria-Sibylla Hesse
und Illustrationen von Christopher Smith.
Übersetzung aus dem Französischen von
Arthur Seiffhart, neu bearbeitet von Maria-Sibylla Hesse.
281 Seiten, kartoniert.

Der große Meaulnes ist die Erzählung einer reinen Jugendliebe. Augustin Meaulnes, Student in Sainte-Agathe und von seinen Mitschülern «der große Meaulnes» genannt, gerät zufällig in die Vorbereitungen zu Frantz de Galais' Hochzeit. Die Begegnung mit dessen Schwester Yvonne beeindruckt ihn so tief, daß er dem Mädchen sofort seine Liebe gesteht. Aber die sich überstürzenden Ereignisse trennen die beiden. Es scheint keine Hoffnung auf ein Wiedersehen zu geben …

«Die Intensität, mit der es dem Autor gelingt, die unverwechselbaren Gefühle einer ersten großen Liebe einzufangen, macht das Buch zu einem Erlebnis. *Der große Meaulnes* ist für Jugendliche von 14 Jahren an wie für Erwachsene ein Stück beeindruckender Literatur.»

Hannoversche Allgemeine Zeitung

«Eine unwiderstehliche Geschichte, so aktuell und realistisch wie ein Märchen, so phantastisch wie manche Nachricht aus der Welt.»

Arbeitsgemeinschaft Jugendliteratur und Medien